儿童焦虑心理学

周一凡 | 著

四川科学技术出版社

图书在版编目（CIP）数据

儿童焦虑心理学 / 周一凡著. -- 成都：四川科学
技术出版社, 2018.5
ISBN 978-7-5364-9069-7

Ⅰ.①儿… Ⅱ.①周… Ⅲ.①焦虑 – 儿童心理学
Ⅳ.①B844.1

中国版本图书馆CIP数据核字(2018)第095048号

儿童焦虑心理学

ERTONG JIAOLÜ XINLIXUE

出 品 人　钱丹凝
著　　者　周一凡
责任编辑　何晓霞
封面设计　胡椒书衣
责任出版　欧晓春
出版发行　四川科学技术出版社
　　　　　成都市槐树街2号　邮政编码 610031
　　　　　官方微博：http://e.weibo.com/sckjcbs
　　　　　官方微信公众号：sckjcbs
　　　　　传真：028-87734039
成品尺寸　170mm×240mm
印　　张　14　　字数　200千
印　　刷　大厂回族自治县彩虹印刷有限公司
版　　次　2018年7月第1版
印　　次　2018年7月第1次印刷
定　　价　42.00元

ISBN 978-7-5364-9069-7

邮购：四川省成都市槐树街2号　邮政编码：610031
电话：028-87734035

美国宾夕法尼亚大学焦虑中心前主任艾尔娜·亚丁博士说，在美国，焦虑症患者的人数大约占人口总数的18%，这一数据是抑郁症患者的2倍。在精神疾病医疗的总支出中，治疗焦虑所需的费用占比达到1/3。而且，焦虑症患者的数量正逐步增加，儿童患者的比例也在不断上升，焦虑症将对大约16%的儿童的未来产生严重影响。在中国，同样有很多关于焦虑症的报道，而且儿童焦虑症患者的数量也在不断增加中。

通过实际调查发现，焦虑症儿童无论是在学习方面还是在与人交往方面，往往都会遇到更多的问题，而且这类儿童在长大成人之后比常人更容易出现心理障碍方面的问题。可以说，焦虑心理已经变成儿童成长过程中的巨大障碍之一。

很多儿童都曾遭受或正在遭受焦虑心理的困扰，只是因为对其了解不多或是关注不够，所以许多人并未将某些问题与儿童的焦虑心理联系在一起。实际上，特殊恐惧、社交恐惧、强迫症、分离性焦虑、广泛性焦虑、创伤后应激障碍、恐慌症、失眠等问题都是焦虑心理的某种表现形式。当儿童出现上述问题时，应该从焦虑心理的角度加以考虑和分析，以便采取正确的方式和手段去解决，这会对儿童的健康成长有很大的帮助。

研究和学习儿童焦虑心理学，不仅对儿童具有重要的意义，而且对儿童的家庭影响重大。要知道，每个儿童几乎都是其所在家庭的中心，如果这个"中心"出现焦虑，那么整个家庭都会受到影响，所有家庭成员都可能变得郁郁寡欢，这无疑会令家庭氛围变得无比糟糕。推而广之，被焦虑影响的家庭越多，社会受到的消极影响也会越大。从这个角度上说，儿童焦虑不仅仅是儿童的问题，也不单单是家长、家庭的问题，而是整个社会都应该关注的问题。

本书采用理论和实际相结合的方法，分别从特殊恐惧症、社交恐惧症、强迫症、分离性焦虑症、广泛性焦虑症、创伤后应激障碍、恐慌症、失眠等方面对儿童的焦虑心理进行解读，列举了大量的案例，具有一定的理论性和实用性，相信会对深受焦虑心理困扰的儿童及家长有所帮助。

目 录
contents

第一章　心理学家眼中的焦虑

对焦虑问题的研究，很多心理学人士都进行了艰苦而漫长的工作，在不懈努力中阐述各自对焦虑的理解，弗洛伊德、克尔恺郭尔、罗洛·梅、阿德勒等学者的研究成果，均对焦虑问题的研究做出了巨大的贡献。尽管他们的某些观点有待商榷，但是我们依然能从他们的论述中得到有益的启发。

弗洛伊德：不断演进的焦虑理论

　　弗洛伊德对焦虑的认识是不断演进的，在不同的阶段，他对焦虑进行了不同的解读，他的某些理论虽然还应进一步商榷，但是就整体而言，他对焦虑的认知是不断发展和深入的。

　　弗洛伊德是一位心理学大师，他在心理学领域取得的成就，可谓举世瞩目。他以自己的研究和努力，成了心理学界的伟大象征。无论我们是否跟从弗洛伊德，都必须承认自己正受到弗洛伊德理论的影响。

　　弗洛伊德虽然不是第一个认识到焦虑会对人的行为产生影响的人，但是他对焦虑的理解达到了一般人难以企及的高度。尽管弗洛伊德的很多论点被证明需要重新进行诠释，可是这并不影响他的历史地位。通过研究弗洛伊德对焦虑的论述，我们不难发现，他对焦虑的思考一直处于演进的过程中。他对自己的焦虑理论不仅进行过数次小的修正，还做过革命性的改变。

在弗洛伊德看来，焦虑是导致一个人情绪与心理紊乱的根本问题。既然是根本问题，那就很难找到确切的答案。弗洛伊德自己也承认，他所提出的只是对焦虑问题的假设，而非对这个问题的终极解决方案。即便如此，我们从弗洛伊德的见解和观点中，依然可以描绘出他在焦虑概念方面的演进方向。

1. 第一焦虑理论

在第一焦虑理论中，弗洛伊德想要表达的是，当力比多（心理学名词，泛指一切身体器官的感觉，与思想和本能相关联）被压抑的时候，它就会转化成焦虑。例如，母亲不在身边的时候，孩子会感觉焦虑，这是因为孩子无法对母亲消耗力比多，力比多便只能以焦虑的形式释放出来。当一个人的感受受到压抑时，他就会变得焦虑，无论这个人在事情尚在常态时所展现的是何种状态，此时的他除了感到焦虑之外，没有任何其他的感觉。其原理在于：这个人的经验发展为力比多的冲动，且被大脑解读为危险信号，于是力比多冲突受到了抑制，并自动转变成焦虑，使得焦虑以不同的形式包括以病态的方式表现出来。

2. 第二焦虑理论

在长期的临床观察中，弗洛伊德发现自己的第一焦虑理论有许多不合理之处。例如，在强烈而持续的欲望被制止或抑制的时候，有些人会表现得非常焦虑，有些人则没有焦虑的表现；在分析患有不同焦虑症状的患者时，发现其焦虑程度和过程都有很大的不同，等等。一系列的研究证明，弗洛伊德需要一个新的理论来阐明自己对焦虑的看法。于是，他推翻了自己的第一焦虑理论，给出了新的见解：焦虑并非因抑制而产生，而是早就与抑制一同出现了。弗洛伊德认为，人之所以产生焦虑，是因为"自我"的存在，当自我感受到危险时，便创造出患病症状和压抑，以免自己变得焦虑。可见，第二焦虑理论更加强调"自我"在焦虑中的作用，与其他焦虑心理学有了相通之处，心理学方面的味道更加浓重一些。

3. 第三焦虑理论

在第二焦虑理论形成之后的研究过程中，弗洛伊德逐渐形成了一种与"有机组织体"近似的观点，但由于他受到各种不同理论的综合影响，无法给出一个确切的定义，这就使得第三焦虑理论并没有形成合理的结论。

弗洛伊德对焦虑的认知是不断变化发展的，这让众多学者无法从某个特定的视角去评判他的观点。也是因为这种变化发展，弗洛伊德的观点时常出现杂糅的情况。比如，有的时候他认可第二焦虑理论而否定第一焦虑理论，有的时候他又觉得第二焦虑理论与第一焦虑理论具有一定的融合性，可以综合进行考量。由于弗洛伊德的各种理论都糅合在一起，许多人便认为弗洛伊德的理论不但不成体系，而且理论的准确性有待考量。

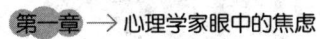

无论弗洛伊德的焦虑理论是否准确，也不管有多少人对它持否定态度，他在焦虑这一问题上做出的努力和贡献都是不可磨灭的。

**心灵寄语**

应该笑着面对生活，不管一切如何。

——伏契克

我从来不知道什么是苦闷，失败了再来，前途是自己努力创造出来的。

——徐特立

你应该用这样的思想宽解你的厄运，什么都比不上厄运更能磨炼人的德行。

——莎士比亚

叶克斯－道森定律：过度焦虑会阻碍能力的发挥

适度的焦虑能够促使我们产生更多的积极性，有利于我们更好地发挥自身的能力；一旦焦虑过度，我们就会被焦虑困扰，变得灰心丧气，能力的发挥就会受到极大的阻碍。

1980年，心理学家叶克斯和道森进行了一系列实验之后发现，动机最佳水平与课题难度有着十分密切的联系，课题难度增加，动机最佳水平就会随之下降。人们将这一规律称作叶克斯－道森定律。

叶克斯－道森定律揭示了紧张焦虑程度和个人能力发挥之间的微妙关系：适度的紧张和焦虑，可以对神经分泌功能起到动员和调节的作用，能够调动人的生理及心理等方面的积极因素，促使人以良好的姿态来应对即将出现的各种情况，有助于发挥出更高的能力水平。

科学家随后又进行了很多相关的实验，结果证明：人的智力活动效率与其焦虑程度之间的关系其实表现为倒"U"形曲线。也就是说，在个人焦虑程度增加的初始阶段，人的主动性及战胜困难的决心也随着增强，此时焦虑对人起到促进作用；当焦虑程度发展到中等时，个人的能力水平最高；当焦虑程度继续增加，超过人的承受能力时，个人的积极性会受到极大的打击，由此便产生惰性，从而阻碍个人能力水平的发挥。

后羿是中国夏朝时十分著名的射手，他的射术十分了得，不但可以百步穿杨，而且各种射箭技巧都掌握得非常娴熟

夏王听闻后羿的本领，非常欣赏他。一天，夏王派人将后羿召进宫中，想要领略一下他那登峰造极的射箭术。夏王命人在御花园找了一个相对开阔的地方，并让人拿来一块一尺见方、靶心直径在一寸左右的箭

靶，对后羿说："在一百步开外，如果你能射中靶心，我就赏赐给你万镒黄金；如果射不中，那我只好削减你一千户的封地。"

听了夏王的话，后羿面色有些沉重，他一言不发、步伐沉重地走到距离箭靶一百步的地方。后羿望着远处的箭靶，脑海里浮现的却是夏王所说的话，他的心情久久难以平静，平日里轻而易举就能射中的靶心，此刻却显得那么遥远。

后羿取出一支箭，摆好姿势，一想到这支箭射出去之后可能产生的后果，呼吸就变得急促起来，双手也由于紧张而微微发抖，瞄了片刻之后，他终于射出了这一箭。随着一声呼哨，箭钉在了距离靶心几寸远的地方。

见此情形，后羿悻悻地收起弓箭，带着无奈向夏王告退之后，迅速离开了王宫。

看到后羿如此失常的表现，夏王心中生出了许多的疑惑："后羿平日里总是百发百中，今天到底是怎么回事？"

后羿平日里射箭，都是在心态平和的情况下，自然可以正常发挥水平。可是夏王偏偏要以奖惩的手段来评定后羿的射箭术，这不免让后羿心中生出焦虑和紧张，毕竟他射出的这一箭与自己的利益密切相关，很难做到以平常心应对。一旦心态发生变化，他必然难以发挥出正常的水平。

美国管理学家卢因曾说："过度地追求目标，可能会对行动和效率产生影响。"回头看看，后羿正是因为受到黄金的诱惑，才无法做到心无旁骛，以致射偏了目标。由此可以看出，焦虑对心理的影响从古至今都是一样的，这反映出叶克斯—道森定律具有广泛的意义，能够在十分广阔的领域中应用。

在儿童焦虑心理学方面，这一定律同样具有非常积极的借鉴意义。儿童焦虑心理的存在，会对儿童的能力发展产生重大的影响。帮助儿童正确认识并调节焦虑心理，能使其焦虑程度控制在一定的范围内，从而让儿童获得更大的动力，发挥更大的能力，在人生之路上获得更多成功的机会。

 **心灵寄语**

人活着总是有趣的，即便是烦恼也是有趣的。

——亨利·门肯

我觉得坦途在前，人又何必为了一些小障碍而不走路呢？

——鲁迅

人，常常会觉得自己是不幸的，而别人是幸福的；可是在别人的眼睛里，你是幸福的，他是不幸的。

——汪国真

克尔恺郭尔：存在就会有焦虑

丹麦哲学家克尔恺郭尔的思想是现代存在主义思潮的开端，对存在主义体系的发展起到了举足轻重的作用。在他看来，人的存在本身就蕴含焦虑等情绪，只要人活着，焦虑就会时刻存在。

克尔恺郭尔是存在主义思想体系的奠基人，他的理论和研究为这个体系的发展奠定了坚实的基础。

该思想体系既不认同物质世界的存在，也不认同黑格尔所说的抽象精神。它主张个人内心深处的东西，即人的个性才是真实存在的东西；人是这个世界上唯一的真实存在，是世间万物的衡量标准；人就是他自己的主观意识，但是这种意识是非理性的，只是人的心理体验而已。

在黑格尔的理论中，"存在"只是一个逻辑范畴而已。在克尔恺郭尔的理论中，他却将它定义成一个只适用于个人的概念，他关注的焦点始终是人，人的存在、人的自由选择。"存在"就是一个人的生活过程，由自我参与、自我选择和自我实现三个部分组成。

1. 自我参与

自我参与的意思就是积极、主动地参与到人生的整个过程中。克尔恺郭尔认为，人是世界的主宰，每个人都有其独特的主观体验，只有自己去体会，才能有切切实实的感受。

2. 自我选择

自我选择是相对感性的，人可以在无法确定结果的情况下进行完全自主的选择。在克尔恺郭尔看来，这种选择总是朝着一个固定的目标不断前进，而不会出现偏离目标的堕落。

3. 自我实现

自我实现是个体价值的实现，是个体逐渐脱离社会而存在的过程。在克尔恺郭尔的意识中，把握个人的存在是人生中相当重要的事情，在个人从社会中脱离而出的时候，才能实现自我的价值。

克尔恺郭尔的存在论，是用简单而感性的、生活中常见的方式，通过实用而具体的方法来表现个体的存在。克尔恺郭尔认为，个体存在中蕴含着喜怒哀乐等情绪，焦虑自然也包含其中。也就是说，只要人活着，焦虑就会无可避免地存在。同时，由于只有经历生活的种种，才能体验到真正的人生，所以焦虑是人不得不经历的一种恐怖体验。

在克尔恺郭尔看来，人之所以高贵，并非因为他注定是一个不同寻常的存在，与他的身世、背景、出生环境也没有太大的关系，而是因为他可以自主选择自己想要成为什么样的人，究竟想要做出什么样的事，这才是人存在的本质。

关于个人存在，克尔恺郭尔认为可以分为以下三个层次：

1. 感性存在

这种存在一般是追求个人的东西，如自己的快乐、浮华的人生、自私的欲望等，是从维持基本生存需要到享乐方面的存在。

2. 理性存在

这是一种非常严肃、尽职的存在，人们以理性的态度去解决所遇到的问题，让自己对别人尽到伦理的责任，并合乎社会道德的要求。

3. 宗教性存在

这种存在祈祷和美与充满爱的生活，对神充满了自觉的崇拜，从而为自己的精神找到某种寄托。

克尔恺郭尔的思想是现代存在主义思潮的开端。尽管他的思想中蕴含着十分负面的情绪，但是它强调个人存在的观点，说明了个体存在的价值，这一点受到了极大的认可。从实际情况来说，存在主义确实代替了之前广受关注的黑格尔的思想，这说明存在主义是一种更加先进和受人认可的思想。

心灵寄语

人们需要快乐，就像需要衣服一样。

——格雷厄姆

卑己而尊人是不好的，尊己而卑人也是不好的。

——徐特立

不要随心所欲地以别人对待你的方式去对待其他人，众人的情趣是千差万别的。

——萧伯纳

罗洛·梅：焦虑是非特定的

罗洛·梅认为焦虑源自个人赖以存在的价值受到了威胁，这种威胁令个人深陷焦虑之中，无法辨别主体和客体，使得焦虑对象变得模糊，因而表现出非特定性。

罗洛·梅这样定义焦虑：焦虑是一个人的某种价值受到威胁而引发的不安，而这种价值被这个人视作其存在的根本。这里所说的"威胁"，可能是针对肉体的，也可能是针对心理的，抑或是针对某种个人珍视的存在价值。

在罗洛·梅看来，焦虑是非特定的，它并没有具体的对象，指向相对模糊。当我们面对危险的时候，焦虑所产生的突出感受是不确定感和无助感。如果能在产生焦虑的经验中找到受到威胁的原因，那么就可以了解焦虑的本质。

某些时候，焦虑相比恐惧会产生更加持久的影响，这种心理上的折磨是挥之不去的。

一天，皮特去牙医那里拔牙。走在路上的时候，他恰巧遇到了选修课的教授。皮特对这位教授十分尊重，不仅在课堂上表现自己的尊重，还时常到他的办公室去讨教。皮特本以为教授会跟自己打个招呼，可是他从皮特身边走过时一句话都没说，仿佛没有看到皮特一样。皮特的心中像堵了一块大石头：难道我就这么不值一提？他竟然对我视而不见！这种想法让皮特焦虑不安。

直到走进牙医的诊所，躺在手术椅上准备拔牙的时候，皮特对钳子的恐惧终于遮盖了之前的焦虑。在拔完牙之后，对手术的恐惧立刻就消失了，可是因教授而产生的焦虑依然存在，甚至在很长一段时间内都没有消失。

皮特的焦虑虽然暂时被恐惧遮盖，可是其长久的影响力明显比恐惧更大。可见，虽然焦虑的威胁不一定比恐惧大，但是它会在内心深处不断攻击我们，让我们不堪其扰。

罗洛·梅指出，由于人们赖以存在的价值有所不同，所以令人焦虑的原因也不尽相同。比如，有些人觉得尊严更加重要，一旦有人贬低其人格，他就会出现极度焦虑的情况；有些人认为金钱比较重要，当他的财富受到威胁时，就会表现出焦虑等等。尽管产生焦虑的表象原因不尽相同，但是从其本质而言，人之所以产生焦虑，就是因为其认定的某种重要价值受到了严重的威胁。这种威胁攻击的对象是人的价值根基，所以我们无法做到置身事外，无法以旁观者的角度去认知我们所处的境况，这便让我们深陷焦虑而无法脱身而出。

当焦虑发展到一定程度的时候，我们会感到深深的害怕，却又不知道自己为何害怕，这种不确定感和无助感恰恰是罗洛·梅焦虑理论的要点所在。焦虑之所以没有特定的对象，是因为个人安全的基础受到了威胁，一旦我们连自己的安全都无法保障，就会对自己的境况失去应有的判断力。当我们将自己与所处的境况混为一体时，自然无法区分出主体和客体，这会让我们变得更加焦虑，而且我们的焦虑会变得更加没有指向性。在这种恶性循环中，焦虑只会越来越深。

想要改变焦虑的状况，一定要认识自我，只有将自我与外界分离开来，才能以客观的态度去认识焦虑，了解焦虑，并最终找到摆脱焦虑的方法。

心灵寄语

只要愿意去做，人无所不通。

——艾略特

毫无理想而又优柔寡断是一种可悲的心理。

——培根

如果一个人只是度过一天算一天，什么希望也没有，他的生命实际上也就停止了。

——莫泊桑

奥托·兰克：个体化是产生焦虑的源头

奥托·兰克认为，人类发展的核心问题在于个体化。在追求个体化的过程中，难免经历一次次的分离，而分离使人不断产生焦虑。从这个角度上说，个体化是人们产生焦虑的源头。

在奥托·兰克看来，个体化是人类发展的核心问题，这一认知恰恰是其焦虑观点的源头。奥托·兰克认为，人在一生中会经历无数次的分离，每一次分离都会给人带来不同的人生体验，而且每次分离之后，个人都能得到更大的自主机会。

我们降生到这个世界上时，就有了第一次的分离体验——与母体的分离，在这之后，断奶、上学、结婚……但凡出现生活状态的改变，我们都要经历一次分离的过程，这个过程有长有短，但都会对我们的心理产生一些影响。直至我们离开这个世界，才算完成了最后一次分离体验。所以说，分离体验是人生中无法避免的感受，奥托·兰克认为，正是这些分离使我们产生了焦虑。

当生活的环境或状态发生改变时，我们会感觉焦虑，因为我们担心这些改变会让自己失去自主性；如果拒绝发生改变，我们同样会感到焦虑，这是因为我们觉得自己的力量并不足以对抗外界的力量。

奥托·兰克认为，婴儿在出生的那一刻就已经体验到了焦虑，并将这种焦虑称作"面对生命的恐惧"。因为婴儿在母亲体内更有安全感，而脱离母体则会让他进入一种与之前截然不同的生存状态。这一观点对奥托·兰克的理论具有十分重要的意义，但是很多人对此存在争议。毕竟婴儿出生的时候并没有任何焦虑的经验，他对这个世界没有任何认知，其究竟是否具有焦虑的情绪有待进一步研究和考量。如果将婴儿的焦虑说成潜在的而非真实存在的，或许更加具有说服力。

奥托·兰克认为"人是带着恐惧诞生的"，在成长的过程中，这种天生的恐惧随着外界因素的影响而逐渐变得外化，由此呈现出焦虑的状态。也就是说，婴儿在出生时并非不焦虑，只是焦虑没有表现出来而已，在这一点上，他与克尔恺郭尔的观点倒是有相通之处。

除了出生的恐惧，奥托·兰克认为对死亡的恐惧也是每个人都要经历的。出生的恐惧来自婴儿即将成为个体的焦虑，死亡的恐惧则来自个体即将消亡的焦虑。当然，奥托·兰克对焦虑的研究都建立在正常人的基础之上，毕竟神经存在问题的人的认知能力相当有限，对自身和外界的判断能力也不够，这让他们往往对外界充满依赖性，对个体化的追求自然不如正常人高，当然也就表现不出相应的焦虑。这又恰恰印证了奥托·兰克的观点，即个体化是人类发展的核心，正是在追求个体化及不断感受分离的过程中，人们才会源源不断地产生焦虑感。

在研究焦虑与个体化以及焦虑与分离之间的关系方面，奥托·兰克达到了别人无法企及的高度，他的观点对焦虑理论的发展和进步起到了极大的推动和促进作用。

心灵寄语

当我活着，我要做生命的主宰，而不做它的奴隶。

——惠特曼

莫让青春虚度在昨天的创伤的呻吟中，莫把希望寄托在明天的幻想上。

——纪伯伦

任何事情都可能激发焦虑，而焦虑则可能危及个人特定的防卫需要，也就是神经官能倾向的追求。

——霍尔奈

阿德勒：焦虑源于自卑

阿德勒并未对焦虑提出系统性的理论，但是他在焦虑研究方面做出的贡献无人可以抹杀。可以说，他另辟蹊径，为焦虑的研究指出了更多的方向。

阿德勒的思想本身就不具备很强的系统性，所以他对焦虑也没有提出一套十分系统的理论。关于焦虑问题的一些论述，包含在他那十分重要而丰富的自卑感理论中。所以说，想要深刻了解他对焦虑的认识，就要从自卑感的概念入手。

阿德勒认为，每个人天生都有一种生理的自卑和不安全感。这是因为，在弱肉强食的动物世界中，人类的综合实力并不占据优势。在阿德勒看来，人类发展艺术、文化等，旨在减少自己的自卑感。

婴儿降生之后，完全处于无法自理的状态中，他们是非常无助的，如果没有父母的协助，他们根本无法存活下来。一般情况下，在成长的过程中，孩子会通过不断肯定自己的社会关系来摆脱无助的感觉，并获得更多的安全感。但是，这个过程并不会全都如孩子所愿，他们可能会因为长相、身材、身份、地位等方面的原因，而变得自卑起来。

凯特有五个兄弟姐妹，她的父母都没有正式的工作，只能靠做些零活来维持生计，因此一家人的生活十分贫苦。

凯特的衣服都是很破旧的，或者是亲戚朋友送来的，或者是姐姐穿过的。在没有上学之前，凯特并没有什么特殊的感受，因为家人穿的衣服都很旧，她没有感觉有什么不妥。可是在上学之后，她的心态发生了变化，看着同学们穿着光鲜亮丽的衣服，她逐渐产生了自卑感，变得不愿面对老师和同学，一段时间之后连学都不想上了。只要让她去学校上学，她就会变得焦虑不安。父母搞不懂其中的原因，以为凯特不愿学习，便不让她去学校了。

在不了解凯特心理状态的情况下，她的父母便让她辍学在家，这不仅无法帮助凯特消除自卑和焦虑，还让她的心理变得更加脆弱。

阿德勒认为，从婴儿时期开始，人类就已经懂得与别人进行比较，一旦发现自己不如别人，他们就会变得忧虑。有些人能够接受现实，便不会焦虑；有些人接受不了，就会表现得焦虑。尽管人与人之间的表现不尽相同，但是最终的结果与一个人对自己的评价有很大的关系。比如，一个自卑的人会将自己的不足放大，由此变得更加焦虑；而自信的人会将自己的不足缩小，由此远离焦虑。从这个角度上说，自卑对焦虑的产生具有促进作用，越自卑的人，越容易出现焦虑的情况。

对于焦虑的问题，阿德勒更加关注的是焦虑的目的。在他看来，焦虑的目的是阻断下一步的行动，以此确保自己暂时处于安全状态。从某种层面上来说，焦虑其实是对人的一种保护。比如，当我们遇到危险的时候，会出现焦虑，随后便是不自觉地选择躲避或是后退，焦虑在此时就起到了保护作用。

尽管阿德勒并没有对焦虑的成因阐述太多，但是他的观点依然对焦虑心理学的发展产生了巨大的作用。他的观点具有非同寻常的价值，不仅对焦虑学研究具有重大的意义，而是还被许多学者借鉴，来进行更加深入的理论研究。

 心灵寄语

越是有人责备我，我就越坚强，造谣诽谤对我是补药。

——泰戈尔

一个人只要有纯洁的心灵，无愁无恨，他的青春时期定可因此而延长。

——司汤达

我评定一个人的真正的价值只有一个标准，即看他在多大程度上摆脱了"自我"，他摆脱了"自我"，又是为什么。

——爱因斯坦

霍尔奈：焦虑与敌意存在一定的关系

霍尔奈的理论衍生自弗洛伊德的成就，却与弗洛伊德的思维方式不同，她的研究让焦虑问题回归心理的层次，同时融入了社会心理学方面的内容。

霍尔奈以弗洛伊德的成就为基础，以社会心理学为背景来研究焦虑问题，她认为焦虑通常源自受到干扰的人际关系。由于她的观点和弗洛伊德的观点有很多相似之处，所以我们主要看看两者的区别就可以了。

霍尔奈认为，焦虑优先于本能驱力（驱力指的是来自有机体内的某种冲动，某种迫切而需索的特质），她主张本能驱力本身就是焦虑的产物，在被焦虑启动之前，冲动和欲望都无法成为驱力。尽管她认同弗洛伊德的"本能驱力"和自己的"神经性导向"具有相同的含义，但是认为自己的理论强调更多的是人格干扰才是焦虑产生的根本原因。

在描述焦虑的时候，霍尔奈使用的是"根本焦虑"一词，它体现出神经性的防御。而称其为"根本"，有两方面的原因：一是因为焦虑是神经官能症的基础；二是因为焦虑源自生命早期的人际关系受到了干扰，尤其在亲子关系受到干扰时，孩子的焦虑更为显著。

当儿童对自己的父母产生敌意时，就会引起焦虑。这是因为，与父母之间的冲突和敌意一般会受到抑制，而这种抑制难免会让儿童产生无助感，进而引发焦虑。这样一来，根本焦虑与敌意之间便产生了不可分割的联系。

对于任何一个正常人来说，一旦其利益受到损害，都会本能地做出反击，以维护自己的利益。儿童当然也不例外，只不过因为他们没有经验，能力又小，只能在意识中进行一下反抗，很难做出具有实际意义的举动。但是，无论儿童多么无助，他们的头脑中都会生出防卫的意识，对有可能出现的损害保持一定的敌意。对于产生敌对情绪的双方或是任何一方来说，无论是持续遭受抑制还是多次遭受抑制，最终的结果无非都是将问题转移到更深的层次而已。

霍尔奈始终相信敌意是刺激焦虑的内在心理因素，而且是普遍存在的。焦虑的存在，会让人产生敌对的情绪；敌对情绪的出现，又会刺激新的焦虑产生。两者之间互相发生作用，彼此产生影响，就形成了一个恶性循环。想要打破这个怪圈，只能努力克制情绪，将自己从焦虑中解救出来。

霍尔奈认为，焦虑的具体原因存在于"被抑制的敌意冲突中"，这个观点能不能被普遍接受，确实还需要进行探讨和研究，但是一些临床事实确实证明了敌意和焦虑存在一定的关系。

 **心灵寄语**

青春不是人生的一段时期，而是心灵的一种状况。

——塞涅卡

当争斗在一个内心中发生，他的生存就有价值了。

——勃朗宁

人，就像钉子一样，一旦失去了方向，开始向阻力屈身，那么就失去了他们存在的价值。

——兰道

第二章　被忽视的儿童焦虑心理

即便对于成人来说，焦虑也是一种难以描述的感受，更何况对于那些认知不足的儿童呢？或许有些儿童感受到了自己的心理变化，但是他们没有足够的表达能力来描述自己所处的境况。正因如此，一些家长发现孩子的表现有些异常时，往往只是简单地将其归结为孩子调皮、故意为之而已，在无形之中忽视了孩子的焦虑心理，没有对孩子及时进行心理疏导，最终形成难以收拾的局面。

探寻引发儿童焦虑的真相

儿童的焦虑应该引起家长的关注，然而许多家长对引起焦虑的原因并没有正确的认识。只有找到儿童焦虑的深层原因，才能更好地帮助儿童摆脱焦虑。

焦虑是一种十分普遍的心理和生理状态，它与恐慌、担心、焦躁、恐惧和紧张等有着十分密切的关系。尽管它在儿童成长中经常出现，可是一旦发生的频率过高，或是过于强烈，甚至超出儿童的控制范围，它就会变成一种心理障碍。

每个家长都想知道自己的孩子是不是处于焦虑的状态，也想知道究竟是什么原因导致自己的孩子变得焦虑。通过长期的研究，相关学者认为，焦虑是一种非正常的、不易抗拒的忧虑和恐惧心理。当孩子表现出难以相处、信心不足、学习成绩下滑、与家庭成员关系不睦等情况，而且这类情况持续了相当长的一段时间时，家长就应该对孩子多加关注，因为他们可能是受到了焦虑的影响。

通常来说，儿童会产生焦虑心理主要是由以下几个方面的原因引起的。

1. 恐惧

对于任何一个人来说，恐惧都是成长中不可或缺的因素之一。在我们成长的过程中，总会遇到各种各样的新事物，如果不能对它们做出判断并规避可能出现的危险，我们就很难继续生存下去。从这个角度上说，对未知事物的恐惧实际上是一种保护机制，它让我们小心翼翼地应对可能出现的危险，以免遭受伤害。儿童在不断成长的过程中，对世界的了解也逐渐增多，很多他们之前未曾接触和了解的事物，会让他们产生越来越多的恐惧，当这种恐惧积累到一定程度的时候，他们的内心就会变得焦虑。

2. 学习

行为主义学派有这样一种观点：儿童焦虑是通过学习得来的。在行为主义心理学家班杜拉看来，儿童不但会因为亲身经历而产生焦虑，也会因为观察、学习、模仿别人而产生焦虑。比如，小美本来是一个十分开朗、善良的孩子，可是她的爸爸因为工作压力大，平日里总是显得十分焦虑，说话的态度不好，情绪很急躁，时间久了，小美也会慢慢学着爸爸的样子，变得焦虑起来。

3. 对自己认识不足

弗洛伊德开创了精神分析学派，并提出了与众不同的人格理论。弗洛伊德学说中颇受人关注的一点，便是强调人的本能的、自然性的一面，它重视对人的人格及心理方面的研究。在弗洛伊德看来，一个人的人格分为本我、自我、超我三个方面。

"本我"是人的潜意识的冲动和本能，它是人格中原始的存在；"自我"源自本我，它是人格中相对理智而现实的部分；"超我"已经超出生存的基本需要，期望追求完美的自己，它是人格中的良知部分。

本我、自我、超我同时存在于儿童的身体中，在面对一件事情的时候，三者难免出现一些分歧，这会让儿童难以抉择，甚至不知所措，进而引发焦虑情绪。

4. 需求无法得到满足

除了行为主义学派和精神分析学派，以马斯洛和罗杰斯为代表的人本主义学派也对焦虑提出了自己的看法。马斯洛的需求理论认为，人的需求分为五个层次，从低到高依次为：生理需求、安全需求、归属与爱的需求、尊重的需求、自我实现的需求。对于人来说，如果前四种需求长期无法得到满足，那么人就会变得焦虑，严重的情况下甚至会变成病态的焦虑。

5. 非理性观念

认知心理学派认为，人们对事件的认知评价是引发焦虑的诱因之一，如果一个人对自己的身体或心理做出了危险的认知评价，那么人体就会自动产生焦虑。比如，小明和小强考试都没及格，两个人都很沮丧。小明觉得只要自己努力一下，下次考试成绩就会提升；小强则认为自己能力不足，由此陷入焦虑状态。这就是两个人对同一件事情产生了不同的认知，结果呈现出完全不同的精神状态。

综上所述，引发儿童焦虑的原因是十分繁多也相当复杂的。无论是内在的心理因素，还是外在的环境因素，都有可能引发儿童的焦虑。当然，更加普遍的情况是各种因素叠加在一起，共同引发了儿童的焦虑。只有了解和掌握引发儿童焦虑的各种因素，才能更好地帮助儿童预防和缓解焦虑。

 **心灵寄语**

智者受理智的指导，常人受经验的指导，而野兽受直觉的指导。

——西塞罗

只有那些晓得控制他们的缺点，不让这些缺点控制自己的人才是强者。

——巴尔扎克

一个精神生活很充实的人，一定是一个很有理想的人，一定是一个很高尚的人，一定是一个只做物质的主人而不做物质的奴隶的人。

——陶铸

焦虑儿童的思维方式

焦虑儿童的思维方式与常人不同，他们总能感受到细微的危险，因为这种敏感，他们总是习惯于提前排除所有危险，这就难免会给人一种"神经兮兮"的感觉。

通常情况下，一家人一起出门时，家长往往会提醒儿童不要忘拿东西，可是对于焦虑的儿童来说，似乎提醒家长才是他们应该做的事情。儿童总问"门锁好了吗？""窗户关好了吗？""东西带齐了吗？"之类的问题，这不仅会让家长感觉烦恼，而且儿童自己也会觉得很累。

其实，儿童并不是没有注意到自己总是担心这担心那，好像对所有事情都不放心，但是他们不知道如何改变这种状况，只能时时刻刻为可能发生的危险担惊受怕。

　　玛丽是一个十分敏感的孩子，总是时刻关注身边的人和事。在家长告诉她不要过度关注一些事情的时候，她依然无法放下警惕，常会在某个瞬间因为某件在别人看来无关紧要的事情而感到恐惧和焦虑。

　　一天，妈妈带着玛丽去公园玩，走着走着，玛丽突然停了下来。

　　"怎么了，玛丽？"妈妈关切地问。

　　"妈妈，我感觉有人在跟着我们。"玛丽的声音有些发抖。

　　妈妈四下看了看，并没有什么可疑的人。

　　这种情况已经发生不止一次了，妈妈为玛丽的表现而头疼，却又不知如何解决。她说："看到玛丽的状况我觉得很担忧，也很心疼。我想为她做些什么，可是又觉得无能为力，那种感觉真是糟糕透了。"

　　对于玛丽而言，这种情况同样让她觉得无可奈何："每当别人告诉我放松心情，保持平和的时候，我反而变得更加紧张；别人对我说事情没有想象的那么糟糕之类的话，反倒会让我觉得更加糟糕。我想很多人都无法理解我，他们或许觉得我有病。实际上我并不喜欢这样的生活，可是我不知道应该如何摆脱这种困境。"

玛丽和她的妈妈都应该明白一点，那就是玛丽的行为是受其大脑支配的，她所做的一切，无非是在按照大脑的指令行事。也就是说，玛丽焦虑的根本原因在于其头脑中的思维方式。

焦虑儿童的头脑中有比常人更加敏锐的触角，能够察觉到极其微小的危险，甚至是那些根本就不存在的危险。其导致的结果就是：焦虑的儿童看起来比常人更加喜欢小题大做，甚至是无中生有。

焦虑儿童的这种思维方式是与生俱来的，想要改变并非易事。即便焦虑儿童认识到了自己与常人的不同，也很难在短时间内找到解决问题的办法。在搞清焦虑的前因后果之前，他们只能默默接受自己的思维方式。

 **心灵寄语**

分析显而易见的事情需要非凡的思想。

——怀特黑德

人们能够抵御武装的入侵，却阻挡不住思想的渗透。

——雨果

如果你过分珍爱自己的羽毛，不使它受一点损伤，那么，你将失去两只翅膀，永远不再能够凌空翱翔。

——雪莱

儿童焦虑症的常见类型

儿童焦虑症有多种类型，了解不同类型的特点和表现，有助于我们了解儿童的心态，以便为他们提供更加具有针对性的建议和帮助。

焦虑症有许多不同的类型，看似十分繁杂，可是每种焦虑症都有其各自不同的特点。

根据它们的主要特征，可以将儿童焦虑症分为以下几类：

1. 特殊恐惧症

特殊恐惧症是对某种特定事物或情景感到恐惧的症状。研究发现，特定恐惧产生于大脑控制情感的部分，它是通过逃避来维持的，只有直面恐惧，并获得安全感，这种恐惧才会逐渐减少甚至消失。

2. 社交恐惧症

所谓社交恐惧症，就是儿童会对社交活动产生恐惧，无法正常地与人进行交流。患有社交恐惧症的儿童，往往会逃避交流活动，与大家相处时，总是十分焦虑。适度的社交恐惧有助于提高警惕性，可是一旦社交恐惧变成心理疾病，儿童就会对整个社会环境都产生深深的恐惧。

3. 强迫症

患有强迫症的儿童，头脑中会反复出现强迫意念或是做出强迫性的行为。强迫意念是思维层面的展示，强迫性行为则是动作层面上的表现。常见的强迫性行为有：反复确认门是否锁了，铅笔一定要按照特定的顺序摆放，衣服必须要摆放整齐，等等。当儿童受到强迫症的困扰时，经常会产生恐惧和不适的感觉。

4. 分离性焦虑症

患有分离性焦虑症的儿童，在与主要的看护人分离时，会产生过度的焦虑情绪。哪怕是短暂的分离，甚至在预感到分离即将发生时，他们也会表现出严重的焦虑。具体的行为表现有：大哭不止、无理取闹、死缠烂打等，更有甚者，有些儿童会出现呕吐、昏厥等情况。

5. 广泛性焦虑症

出现这种焦虑的儿童，对身边的所有人、事、物都可能产生焦虑，

这种焦虑是普遍性的，而且大部分的时间都会有所表现，症状包括紧张、自卑、烦躁等。这类儿童对自己所处的环境总是十分关注，而且表现得心事重重，当原来的生活方式或身边的事物发生改变时，通常需要给予他们更多的保证，他们才能稍微放心一些。

6. 创伤后应激障碍

创伤后应激障碍是一种常见的儿童焦虑症，通常发生在遭受重大打击和创伤的儿童身上。在遭遇诸如重大灾害、严重虐待、亲人不幸离世等打击后，儿童往往很难轻易摆脱创伤，时常会担心灾祸再次发生或是沉浸在灾祸中无法自拔。这类儿童会表现出逃避行为及感情麻木，对那些给他带来灾祸的场景和人表现出焦虑。

 **心灵寄语**

感官并不欺骗人，欺骗人的是判断力。

——歌德

要善于接受并且寻求对你有益的忠告，不要把那些"好管闲事"的热心人拒之门外。

——培根

遇事都敢于问个为什么，错了也没关系。不要怕错，有错马上就改。可怕的倒是提不出问题，迈不出第一步。

——李政道

焦虑儿童的行为特点

对于知识面不够广、经验不够丰富的儿童来说，焦虑是一种很难描述的感受，这增加了家长了解和帮助孩子的难度，但是通过孩子的一些行为特点，家长可以初步判断孩子是否身陷焦虑之中。

对于任何一个人来说，焦虑都是不可避免的一种心理状态。成年人尚可通过伪装来掩饰焦虑的存在，但是年幼的儿童很难做到像成年人一样，他们的焦虑往往会明显地表露在外。

在大多数情况下，我们无法了解儿童的焦虑感受，所以只能通过儿童表现出的某些持续性的迹象，来判断他们是否深陷焦虑之中。这些迹象包括满脸通红、肌肉紧张、语无伦次等。理解并且关注儿童的这些迹象，对于我们了解儿童的焦虑感受具有十分重要的作用。

有些儿童的行为，可能与一些抗压能力比较差的儿童的行为相似，如大呼小叫、四处乱撞、大哭不止、逃离教室、对不良习惯持认同感等，很多人会将儿童的这些表现归咎为逆反心理，实际上焦虑同样会使得儿童做出上述举动。

在一堂科学实验课上，老师让李磊帮忙将夹子递给他，李磊却把试管递给了老师。老师并没有生气，而是开导李磊说："李磊，请你帮我把夹子递过来，现在我需要它，也许等到需要用试管的时候，你可以帮忙递过来。"

听了老师的话，李磊气呼呼地说："您自己过来吧！"然后，他就趴在了桌子上。

李磊的行为让老师有些尴尬，但是他依然心平气和。因为他觉得，李磊之所以会有这样的表现，是因为他的逆反心理在作怪。

老师的理解准确吗？或许很多人都会给出确定的答案，因为在大多数人的印象中，焦虑的儿童应该是安静、紧张、胆小的，像李磊这样目中无人的情况，显然和焦虑扯不上关系。可是事实证明，某些焦虑的儿童在对压力做出过度反应时，同样会做出固执、冲动等行为。因此，面对李磊的这种情况，我们应该进行更加细致和认真的分析，只有找到其行为的直接原因，才能做到有的放矢，更好地解决问题。

以下几条线索可以帮助我们判断儿童的行为是否受到了焦虑的影响。

（1）儿童有与焦虑相关的疾病或是社交缺陷。

（2）儿童固执、缺乏理性、爱冲动、表现紧张，或是看起来应激过度。

（3）儿童对控制和预测有所偏好。

（4）儿童的行为出现了前后矛盾的情况。

（5）儿童表现出完美主义倾向。

（6）儿童做出躲避、逃离的行为。

（7）儿童的行为忽然发生了明显的变化。

（8）儿童在某些特定情况下，总会遇到困难。

在儿童表现出上述情况时，需要慎重地分析一下他们的心理状态，看看他们是不是受到了焦虑的影响。如果证实儿童产生了焦虑情绪，家长就应该采取适当的措施，尽力帮助他们摆脱焦虑，使其拥有积极阳光的心态。

 **心灵寄语**

心灵开朗的人，面孔也是开朗的。

——席勒

思想在达到自我了解之前必先经过内讧。

——奥尔德斯·赫胥黎

大多数伟人的一生中，除了极少的辉煌时刻外，多是平淡无奇的。不能忍受烦闷的一代，会成为无所作为的一代。

——罗素

警惕焦虑的遗传性

对于人类的进步和发展而言，焦虑具有积极的意义，所以人类进化机制选择让焦虑一代一代地遗传下来。这种焦虑遗传性无法从基因方面进行改良，却可以通过后天的调节减少对儿童的影响。

焦虑会遗传？这种说法让无数家长充满疑惑，更想得到一个确切的解答。

在儿童焦虑症患者中，确实有相当一部分人受到了遗传因素的影响。专家经过研究发现，焦虑症和遗传基因确实存在着十分密切的关系。但是从我们目前掌握的知识来说，这种焦虑遗传在婴儿出生之前就已经完成，所以我们根本无法改变或是改良这种遗传性。

就本质而言，人类的进化机制选择让焦虑基因遗传下来。这一点其实很容易理解，因为适度的焦虑能让人保持警惕，并激发人的潜在能力，更有助于人的生存和发展。虽说焦虑过度会让人觉得难受，可是没有丝毫焦虑会让人失去警惕，由此可能导致难以挽回的损失。两者相较而言，保留焦虑显然是更好的选择。

遗传学研究人员发现了一些论据，可以证明焦虑确实具有一定的遗传性。研究结果显示，在一个家庭中，如果父亲或母亲患有焦虑症，那么孩子患有焦虑症的可能性将是正常家庭孩子的7倍。不仅如此，患有焦虑症的家长对孩子潜移默化的影响，会使孩子变得更加严重，因为孩子十分善于模仿，对于家长的言传身教，他们总能迅速掌握其精髓。

1989年，美国著名心理学家、哈佛大学心理学系教授罗姆·凯根进行了一个长期追踪的实验，以验证婴儿的天生气质与焦虑之间是否存在某种关联。

实验在哈佛大学的一间实验室里开始，参与其中的共有500个婴儿。研究人员通过能够引起婴儿兴趣的玩具、声音等来逗引婴儿，并借助摄像机记录下每个婴儿的反应。之后，凯根对录像进行了认真的观察和研究，将500个婴儿分成了三个不同类型的组。

那些对新事物表现出强烈反应的婴儿被归为"强反应"组，婴儿数量大约占总数量的20%；对新事物的反应十分安静的婴儿被归为"弱反应"组，婴儿数量大约占总数量的40%；第三组介于"强反应"组与"弱反应"组之间，婴儿数量大约占总数量的40%。

根据之前数十年的研究，凯根对这些婴儿未来的成长轨迹做出了预测。在他看来，大部分的"强反应"婴儿，长大之后更有可能表现出内向、害羞甚至焦虑的性格特点。

在接下来的数年时间里，研究者对参与实验的婴儿进行了跟踪研究。在他们长到4岁的时候，"强反应"者内向的概率是"弱反应"者的4倍；到7岁的时候，有50%左右的"强反应"者出现了焦虑的情况，而在"弱反应"者中，这一概率仅为10%。随着年龄的增长，"强反应"者与"弱反应"者之间的差距缩小。在他们长到15岁的时候，大约2/3的"强反应"者在行为方面已经十分正常，他们的学习成绩不错，也能够正常地与人交往。

从这个跟踪结果来看，凯根的预测似乎没能成为现实。可是研究人员经过深入了解之后才发现，大多数行为正常的"强反应"者始终存在紧张和不安的情况，只是因为他们慢慢懂得了隐藏自己的情绪，所以才没有表现出来。凯根认为，即便他们能够控制自己外在的表现，可是内心深处的情感一般是控制不了的。"强反应"者从婴儿时期开始就已经有了焦虑的情绪，他们或许一辈子都无法摆脱焦虑。

凯根的研究证明，一部分人的焦虑是与生俱来的，它会伴随人的一生，即便长大之后懂得伪装自己，焦虑的情绪依然会不时地折磨这些人。

需要指明的一点是，在这个研究进行的同时，还有另外四个独立的小组分别参与到研究之中。最后呈现的研究结果基本一致：焦虑具有一定的遗传性，有15%～20%的婴儿自出生开始就比其他的孩子更容易产生焦虑情绪。

通过凯根的研究我们不难发现，焦虑的遗传性是造成儿童焦虑的不可忽视的因素之一。既然我们无法通过更改基因来改变儿童的心理，那么只能寄望于通过后天的调节让儿童获得健康的心理状态。父母应该给孩子创造一个良好的生活环境，让孩子远离焦虑，悉心教育孩子不断与焦虑进行抗争，才能最终让孩子摆脱焦虑的纠缠。

 **心灵寄语**

你不同情跌倒的人的痛苦，在你遇难时也将没有朋友帮忙。

——萨迪

人的面孔常常反映他的内心世界，以为思想没有色彩，那是错误的。

——雨果

谁要能看透孩子的生命，就能看到埋埋在阴影中的世界，看到正在组织中的星云，方在酝酿的宇宙。儿童的生命是无限的，它是一切……

——罗曼·罗兰

第三章　特殊恐惧症：对特定对象的恐惧

　　特殊恐惧症是一种较为特殊的恐惧症，患有这种病症的儿童，只对某一特定的对象产生恐惧，小到一只昆虫，大到一架飞机。从生活中常见的物品，到儿童头脑中想象出的意象，都有可能成为儿童心中的"恶魔"。为了帮助儿童摆脱特殊恐惧症的纠缠，我们首先应该了解特殊恐惧症的形成机制。

什么是特殊恐惧症？

特殊恐惧症是恐惧症中比较特殊的一类，在儿童中具有一定的普遍性，患有这种心理疾病的儿童只对某种特定的对象产生恐惧，而且心中总是充满无力感。

特殊恐惧症是对某种特定事物或情景感到恐惧的症状，如对飞机、电梯、蜜蜂、狗等感到恐惧。在儿童的潜意识中，他们会认为这些事物或情景充满了不安全的因素（电梯可能会坏，蜜蜂可能会蜇人等），所以他们只要看到，甚至听到让他们感觉恐惧的事物或情景，自然而然地就会感觉恐惧，情绪会随之出现波动，行为也会变得异常。

关于这一症状，现代心理学中有一些与其相关的知识：特定恐惧产生于大脑中控制情感的部位，这说明它们和控制理智、评估风险的部位基本没有联系。也就是说，特殊恐惧是某种情感的直观外在反映，理智控制对它基本不起作用，所以才会给人一种难以言说、无能为力的感觉。

希希是一个十分开朗的孩子，平时很喜欢跟人说说笑笑，见到长辈的时候也会非常有礼貌地和人打招呼。可是只要一走到电梯门口，他就会变得十分严肃和紧张。一旦进入电梯，他的样子更加让人担心：面无血色、双手颤抖，整个人靠在电梯上，好像要散架一样。如果不是因为住在28层，希希肯定会选择走楼梯上下楼，这也是他在其他地方的一贯选择。

对于希希来说，每次坐电梯都是一段痛苦无比的旅程，仿佛人要死掉一样。其实，希希并不是一个胆小的孩子，对飞机、汽车之类的交通工具，他并不会畏惧；对蛇、老虎之类的凶猛动物，他也不会产生像坐电梯那样的痛苦感受。希希的父母知道希希有这种症状，也一直想办法帮希希解决问题，可是希希始终没能摆脱这个困境。其实希希也知道自己的恐惧毫无必要，可是他就是无法控制自己，无论给自己怎样的心理暗示，都无法消除自己内心的恐惧感。

希希之所以出现这种情况，就是因为他患上了特殊恐惧症。对于没有类似经历的人来说，希希的这种恐惧似乎有点匪夷所思，可是在现实生活中，像希希一样患有特殊恐惧症的人并不是非常少见。

相关的数据表明，大概60%的成年人都或多或少地有这种类型的恐惧心理，而真正被确诊为患有特殊恐惧症的人大约占这一群体的11%。

而且，特殊恐惧症的女性患者会比男性患者多一些，患者恐惧的事物则是五花八门的，难以详述。它们可能是我们常见的虫子、蜘蛛、蛇等动物，也可能是飞机、火车、汽车等交通工具，还可能是电梯、血、针头等物品。

关于特殊恐惧症的产生原因，至今还没有人能够给出确切的答案。但是现在已经知道的是，特殊恐惧症具有某些普遍的共性。比如，特殊恐惧症只针对某一特定对象；特殊恐惧症的严重程度远超一般恐惧，其破坏力也更大等等。特殊恐惧症是恐惧症中比较特殊的一类，但从其本质上说依然是恐惧，是一种十分常见的情绪变化。

 **心灵寄语**

你虽在困苦中，也不要惶惶不安，往往总是从暗处流出生命之泉。

——萨迪

如果我们能把歇斯底里的痛苦转化为寻常的不愉快，收获就相当可观了。

——弗洛伊德

用笑脸来迎接悲惨的厄运，伟大的心胸应该表现出这样的气概：用百倍的勇气来应付一切不幸！

——拉伯雷

特殊恐惧的形成机制

关于特殊恐惧的形成原因，有两种不同的说法，一种认为是先天性的，另一种则认为是后天习得的，两种说法各有千秋，所以在理解儿童的特殊恐惧时应该进行综合考虑。

对于特殊恐惧，有些孩子深有体会，但是要说出恐惧的原因，恐怕没有几个人能够准确地给出答案。这种未知感，会在无形中加剧孩子的恐惧心理，让孩子承受更大的痛苦和折磨。

关于特殊恐惧的起源问题，有两种主要的观点：第一，特殊恐惧是先天性的，有些人从出生开始就对某些特定对象感觉恐惧；第二，特殊恐惧是后天形成的，是从自己或他人的经历中产生的。这两种观点各有千秋，而且有着十分紧密的联系——孩子在出生之后会有害怕某些事物或情况的倾向，某种刺激在后天的经历中对儿童心理产生极大的影响的时候，害怕的倾向就会转变成对这种刺激的特殊恐惧。

在这两个观点之中，第二种观点受到更多人的认可和支持。因为很多事实已经证明，在某些情况下，恐惧是后天产生的。比如，被狗咬过的人，看到多小的狗都会觉得恐惧；曾经落水的人，只是站在岸边都会觉得心惊肉跳等等。儿童初次见到特殊恐惧的对象时，因为某种原因导致他们内心的恐惧感被激发出来，在这之后，只要遇到与恐惧对象相关的事物，特殊恐惧就会自然而然地产生。

小敏对黏滑的动物十分反感，一看到黏糊糊的动物，小敏就觉得浑身难受。这其实没什么，毕竟很多人对青蛙、泥鳅、鲶鱼之类的动物都会心生厌恶。

可是，小敏对青蛙的恐惧有些超乎想象。只要是青蛙可能出没的地方，无论是池塘，还是树林，小敏绝对不会涉足。更糟糕的情况是，她只要听到"青蛙"这两个字，就会变得焦虑，整个脸都会扭曲起来。万一哪天她不小心与一只青蛙"邂逅"，她必然会发出惊天动地、撕心裂肺的尖叫声，令同行的人以为发生了什么严重的事情。

对于小敏来说，这种恐惧是一个无法跨越的障碍，不仅让她自己痛苦异常，也让身边的人饱受惊吓之苦。

小敏也不知道自己对青蛙的恐惧源于何处，倒是母亲的一番话给出了答案："小敏两岁多的时候，我们有一次带她去游玩，正在野餐的时候，一只青蛙突然跳到了她的身上，从那之后，她就对青蛙产生了极端的恐惧。"

　　小敏的经历带有普遍性，很多儿童都是因为受到特殊恐惧对象的刺激才会对其产生极度恐惧，并长期遭受其折磨。有时候，一个小小的意外、一个突发的状况，都可能引发儿童强烈的、非理性的恐惧，而引发这种恐惧的意外、状况，往往会成为儿童长期恐惧的对象。

　　后天产生特殊恐惧的案例比比皆是，但是也有一些特殊恐惧只能用先天而来的观点进行解释。比如，有些儿童怕蛇，即便没有接触过，对蛇也有一种特殊的恐惧心理；有些儿童恐高，虽然家长并没有带他们去过高处等等。

　　可见，对于儿童的每一种特殊恐惧，都不能简单地从某种单一的机制去理解和研究，只有将各方面的情况综合起来，才能更加准确地找到儿童特殊恐惧的诱因，为帮助儿童战胜这种恐惧打下坚实的基础。

 **心灵寄语**

世间之活动，缺点虽多，但仍是美好的。

——罗丹

一个人如果从来没有参观过痛苦的展览所，那么他只看见过半个宇宙。

——爱默生

你若想尝试一下勇者的滋味，一定要像个真正的勇者一样，豁出全部的力量去行动，这时你的恐惧心理将会为勇猛果敢所取代。

——丘吉尔

教孩子给特殊恐惧分级

因对特定对象的恐惧而产生了特殊恐惧症，因此与特定对象的距离、接触程度等，都将影响恐惧的程度。给特殊恐惧分级，能让儿童更好地认识自己的恐惧程度，有助于他们正确认识和对待特殊恐惧。

对特殊恐惧进行分级，可以帮助儿童认清自己的恐惧程度并对自己所处的情境做出判断，从而根据不同的恐惧程度采取相应的应对措施。对于儿童来说，需要学习的是怎样划分自己的恐惧等级，从零级到十级，分别对应的是从不害怕到最害怕。

当儿童感觉恐惧时，可以让他们列出一张清单。上面详细列出他们恐惧的所有场景，然后根据不同的恐惧程度对场景进行划分并做出相应的标注。比如：可以写出恐惧时的具体表现，如紧张、出冷汗、想吐等；还可以写出不同场景间的细微变化及身体的变化；也可以写出在各种场景中采取了何种应对措施，以及所用措施是否起作用等等。总之，写出的细节越多，对划分恐惧等级越有帮助，也就更有利于儿童克服恐惧心理。

玲玲很害怕电梯，当有人问她害怕到何种程度时，她并没有十分鲜明的认识，只是十分笼统地告诉对方很怕。这种笼统和模糊的认知，使得玲玲无法判断自己究竟该以什么方式去应对不同时间、不同场合出现的恐惧。

后来，在心理老师的帮助下，玲玲对自己的恐惧进行了分级。比如：她最不害怕的场景是在没有电梯的建筑物外，站在有电梯的建筑外时次之，接着依次是走进建筑物、靠近电梯间、走进电梯、电梯门关上、按下楼层键、电梯在不同楼层停下，最害怕的场景则是在电梯中快速升降。

玲玲为自己的恐惧分级之后，当她再次乘坐电梯的时候，就按照已经设定的恐惧等级来调整心理状态。随着恐惧程度的变化，玲玲分别用

之前想好的放松方法加以应对，这让她觉得恐惧比之前更好控制了，心情也不像以前那样紧张了，她的焦虑水平也因此下降了很多。

将恐惧分级之后，玲玲对自己的恐惧有了更加清晰的认识，这让她有了更多的把握和自信，因此可以更加轻松地应对恐惧，减轻焦虑。

对于任何一个患有特殊恐惧症的儿童来说，对特定对象的恐惧大多是源于自己的想象，因为对象的未知性和神秘性，儿童的心中会生出更多的疑惑，这会加剧他们的焦虑。但是他们如果能对恐惧对象有鲜明的印象，就可以以更加平和的心态应对它们，焦虑自然会减轻。

一般而言，五级及以下的恐惧是可以忍受的，遇到这种程度的场景时，儿童如果能暗示自己没有焦虑的必要，那么焦虑水平就会下降。

 心灵寄语

卓越的人一大优点是，在不利与艰难的遭遇里百折不挠。

——贝多芬

每一种挫折或不利的突变，都是带着同样或较大的有利的种子。

——爱默生

我们常常听人说，人们因工作过度而垮下来，但是实际上十有八九是因为饱受担忧或焦虑的折磨。

——卢伯克·J

如何帮孩子战胜特殊恐惧

特殊恐惧的形成或许只需要短短几秒钟的时间，可是要将其从儿童心中驱走，却是一个长期的过程。家长要坚定地与孩子站在一起，共同面对特殊恐惧，正视并最终战胜它。

特殊恐惧一旦形成，就会立刻变成一个威慑力十足的"现实存在"。即便有些特殊恐惧只是儿童想象的产物，现实中根本没有存在的可能，它们也仍然会在儿童的头脑中产生极大的威慑力。

实际上，让儿童饱受折磨的特殊恐惧并非那么顽固不化、难以克服。只要采取正确的方式和手段，循序渐进地让儿童正确认识恐惧、接受恐惧、直面恐惧，那么儿童就能在逐渐学习的过程中，慢慢摆脱恐惧的困扰。

马克对小丑有一种十分恐惧的感觉，这已经成了他和爸爸妈妈的一块心病。

小丑那滑稽的装束和扮相，以及引人发笑的动作，往往能够让人感受到轻松和惬意。可是对于马克而言，小丑脸上的油彩、奇怪的发型，总是给人一种十分恐怖的感觉。他不知道小丑装束的背后究竟是怎样一个人，也不知道接下来究竟会发生什么。这种猜疑和无助感让他感到深深的焦虑，看到小丑就会感觉万分痛苦。

发现马克的痛苦之后，妈妈开始采取措施，帮助马克接受恐惧，接受小丑。

妈妈带着马克到马戏团看表演，当小丑出场的时候，马克表现得十分恐惧，妈妈并没有因此而带着马克离开。她紧紧地抱着马克，用行动告诉马克自己会保护他。然后，妈妈指着小丑说："他叫乔尼，你看他的衣服多漂亮啊，像鲜花一样艳丽；他的眼睛那么大，像布娃娃一样；他脸上画的油彩是一种颜料，就像你画画用的颜料一样。"

这时，乔尼来到了马克面前，向马克招手致意。马克仍然感觉恐惧，情不自禁地往妈妈身上靠去。妈妈对乔尼说："乔尼，我知道你很善良，可是你的身材太高大了，我有点害怕你。"妈妈对小丑的恐惧，让马克有了一些认同感，减轻了他的心理压力。

在这之后，妈妈会不时地带马克去看马戏表演，而且会在家中自己扮演小丑，让马克和自己进行一些互动。经过一段时间的练习之后，马克对小丑终于不再那么恐惧了，和妈妈去看马戏表演的时候常常会被小丑逗得哈哈大笑。

想要帮助孩子克服特殊恐惧，首先要将他们的恐惧激发出来，让孩子从正面接触恐惧，并认识恐惧。当然，这并不容易，因为对于很多孩子来说，他们在恐惧时总会不由自主地产生逃避的念头。虽然逃避无益于孩子永远摆脱恐惧的魔爪，可是与直接面对恐惧对象相比，这种短暂的解脱感显然更加具有吸引力。然而，很多人都不知道，孩子的这种习惯性的逃避，只会不断加剧他们的恐惧。

对于家长来说，陪伴孩子一起直面恐惧，是一门必修的课程，只有与孩子一起驱散心中的恐惧"恶魔"，才能让孩子过上正常的生活，重获健康的心理。

心灵寄语

耐心和恒心总会得到报酬的。

——爱因斯坦

应当细心地观察，为的是理解；应当努力地理解，为的是行动。

——罗曼·罗兰

愤怒将理智的灯吹熄，所以考虑解决一个重大问题时，你必须脉搏缓慢、心平气和、头脑冷静。

——英格索尔

改变之旅：怕狗的磊磊

磊磊对狗十分恐惧，见到狗就浑身发抖，连腿都迈不开。

据磊磊的妈妈说，在他四岁的时候，有一天，他正和几个小朋友玩游戏，突然有一条狗出现在几个人面前。磊磊下意识地往后跑，恰好跑到了一辆行驶中的汽车跟前。所幸汽车的速度不快，司机及时刹车，才避免了一场车祸。可是，磊磊被吓坏了，从此以后对狗产生了极大的恐惧感。

因为无法到养狗的朋友家里做客，磊磊不得已缺席了很多家庭活动；由于小区内的小狗很多，磊磊虽然很想下楼和朋友玩耍，却只能经常在家待着……

面对这种情况，爸爸妈妈建议家中养一条小狗，这样可以增加磊磊和小狗的亲密感，对消除恐惧也有帮助。尽管磊磊恐惧狗，但是为了能像别的小朋友一样在外面玩耍，他还是同意了。

可是，小狗的到来非但没有改善磊磊的状况，反而令他感觉更加糟糕了，因为他整天提心吊胆，心理负担变得更重了。

眼见没什么效果，爸爸妈妈转而向心理治疗师寻求帮助。按照心理治疗师的方案，磊磊开始了心理治疗。

刚开始的时候，只要磊磊远远地看着他的小狗，能够做到平静的呼吸，就算成功；之后逐渐拉近距离，达到能够隔着屏风和小狗相处的程度；接着是让他在小狗睡着的时候去看它，让他知道小狗其实不像他想象的那么可怕。能够平静地与小狗面对面接触之后，磊磊对小狗的恐惧已经减少了很多，他发现自己的小狗跳来跳去的其实很可爱，它并没有像自己担心的那样伤害自己。

随着时间的推移，磊磊慢慢和小狗成了好朋友，他开始学着训练小狗，跟小狗进行亲密互动。他还会每天写日记，记录每一天的感受及小狗和自己的关系变化。从字里行间都能看出，磊磊对小狗的恐惧越来越少，自信心则越来越强。

磊磊最终摆脱了特殊恐惧的困扰，他不仅能像以前一样下楼玩耍，还能和小区的小狗和谐相处。在改变的过程中，磊磊学到了很多，他觉得自己变得比以前更加坚强了："我现在和我的小狗成了好朋友，我们每天都在一起玩耍；我也能去朋友家玩了，有小狗我也不怕；我还能到宠物商店去买东西，那里的小狗都很招人喜欢。"

磊磊的言语充满了激动和自豪，他的改变不仅让他不再害怕小狗，而且也极大地提升了他的自信心。这种变化源自内心深处，是心理层面的改进和提升，对磊磊的生活产生了多方面的影响。在改变的过程中，家长的陪伴和帮助是十分重要的，专业的建议和合理的计划是改变之旅中十分重要的组成部分。

 **心灵寄语**

人的内心有一种根深蒂固的需要——总想感到自己是发现者、研究者、探寻者。在儿童的精神世界中，这种需求特别强烈。但如果不向这种需求提供养料，即不积极接触事实和现象，缺乏认识的乐趣，这种需求就会逐渐消失，求知兴趣也会与之一道熄灭。

——苏霍姆林斯基

第四章　社交恐惧症：儿童对社交充满焦虑

　　在社交活动中，有些儿童总会表现得十分紧张、恐惧，他们无法正常地与人交流，有时宁可待在角落中，也不愿意参与集体活动。有些家长错误地认为这只是因为他们害羞，于是并没有加以重视。实际上，这是社交恐惧在作怪。这种症状不可小觑，它会对儿童的心理成长产生消极的影响。所以，我们应该对症下药，尽早帮助儿童摆脱困扰。

社交恐惧症是怎么回事？

儿童的社交恐惧症与害羞有相似之处，但是二者之间并不能画上等号。在实践中，只有辨别出它们的差别，才能更好地帮助儿童保持良好的心理状态。

社交恐惧症是一种十分常见的焦虑症，而且对儿童的心理成长影响十分巨大。无论是在自己想象的空间中，还是在现实的社交场合中，患有社交恐惧症的儿童都会觉得浑身无力、精神紧张，这并非因为害羞，而是因为他们觉得在社交场合中自己会被人嘲笑，会招来别人的羞辱，担心被别人当作傻瓜，所以会尽量避开受人审视的社交场合。

然而，在实践中，社交恐惧症并未引起家长足够的重视，他们只是简单地将它看作害羞而已，忽视了这种症状可能给儿童的成长带来严重的后果。研究发现，患有社交恐惧症的儿童比普通儿童更容易罹患其他类型的焦虑症，而且似乎女孩罹患社交恐惧症的概率比男孩更高一些。一般而言，社交恐惧症的发病时间在童年至青少年晚期之间，可是患者在30岁之前通常不会寻求帮助。出现这种情况的部分原因应该是患者感到惭愧和尴尬。而且，即便一个人患有社交恐惧症，也不会对其他人产生重大的影响，这就使得这种症状更加不被人重视。

尼克一直很害怕与人交流，甚至身边的人稍微多一些他就会感觉焦虑。他在学校里有几个同性朋友，可是总体而言，他心中仍然十分孤独。

很多时候，他宁愿待在家里，也不愿意参加聚会或是参加团体活动；他在课堂上很少发言，即便他的成绩不错，并且知道问题的答案；被迫参加活动时，他会选择坐在最后一排，尽量不引起别人的注意。

在学校的时候，他还能与几个朋友说几句话，可是只要出了学校的大门，他就变得沉默寡言，跟陌生人更是一句话都不敢说。对尼克而言，他的世界就是一个封闭的小罐子，他总是将自己关在里面，减少和外界接触的机会。因为一旦交往增多，他就会变得焦躁不安。

对于尼克的情况，家里人都很担心，他们无法想象尼克一个人生活的样子，也不知道他以后的路应该怎么走下去。

对于尼克而言，与人交流是一件恐怖而痛苦的事情，他的这种焦虑源自内心深处，如果不尽早消除，对他今后的生活会产生极大的影响。在一般人看来，尼克的表现可能只是害羞而已，等他长大一些就会有所好转，可是如果真的是焦虑作怪，那么等他长大就已经错过了治疗时机，这对尼克是一种巨大的伤害。

在大多数人的观念中，害羞是一种正常的心理反应，并不是什么严重的心理问题。正是这种错误认知的存在，使得很多人即便患有社交恐惧症，也不会过于在意，更不会主动寻求帮助。对于儿童来说，想要辨别害羞和社交恐惧症更是十分困难，所以很多时候，他们的社交恐惧症需要身边的人帮助消除。作为家长，应该在这个过程中发挥重要而必须的作用。

 **心灵寄语**

谁经历的苦难多，谁懂得的东西也就多。

——荷马

用温柔去对待倔强的人，用宽容去冰冻刻薄的人，用热情去融化冷酷的人。

——赫塞

尊重生命，尊重他人，也尊重自己的生命，是生命进程中的伴随物，也是心理健康的一个条件。

——弗洛姆

什么是社交恐惧思维？

患有社交恐惧症的儿童，总是担心别人对自己做出负面评价，这些负面的评价让他们坐卧不安、万般恐惧，一旦产生恐惧心理，便会对社交活动充满排斥感。

社交恐惧症的核心内容之一，就是患者担心别人对自己做出负面评价。恐惧的存在，使得每一种社会交往都被焦虑充斥。儿童会不断想象自己在不同场合中可能出现的问题，如忘词、结巴、被拒等。一旦出现问题，难免会被人嘲笑和批评，这会让儿童失去信心，所以他们选择逃避，远离一些可能给他们带来难堪的场合。

王栋是一个品学兼优的学生，考试成绩总是名列前茅。每到期末考试结束，班主任总会在总结会上让王栋发言，传授一下学习经验。这让王栋十分为难，每当站到讲台上，他就浑身发抖，大脑一片空白，紧张得说不出话来。看着同学们期待的神情，王栋心中越发着急、焦虑，结果越想说越说不出来。每到这时，同学们总会窃窃私语，这让王栋觉得很难堪，恨不得找个地缝钻进去。就这样，王栋的经验介绍会总是草草收场。班主任以为王栋只是害羞而已，只要多锻炼几次就会好了，所以他不顾王栋的请求，依然坚持让王栋总结学习经验。这让王栋对这件事越来越反感，对上台发言充满了恐惧。为了避免上台发言，王栋想出了一个办法，那就是在期末考试的时候故意答错一些题，让自己的分数低一些。所以班主任想不明白：王栋的成绩平时都很好，为什么一到期末考试就掉链子？

不难发现，王栋并不是掉链子，他只是用自己的方式躲避社交恐惧，让自己不那么难堪而已。这种类型的儿童，从内心深处接受不了别人的负面评价。当他们出现在社交场合时，真正关心的并不是身边的人都是什么样子，而是那些人对自己会有怎样的评价。

患有社交恐惧症的儿童注意力大多放在自己身上，这让交往对象觉得被忽视，交流效果自然不好。这类儿童由此对自己产生更加负面的认识，更加不愿参与社交活动。

社交恐惧的出现，并非因为社交场合中存在令人恐惧的人或事，而是因为患者对自己的关注度过高。他们以自己的眼光去看待别人，去想象别人对待自己的方式，最终却将自己扔进了恐惧的深渊之中。

心灵寄语

没有希望就没有恐惧，反之亦然。

——斯宾诺莎

一个人如果能够控制自己的激情、欲望和恐惧，那他就胜过国王。

——约翰·弥尔顿

生活中，谅解可以产生奇迹，谅解可以挽回感情上的损失，谅解犹如一个火把，能照亮由焦躁怨恨和复仇心理铺就的道路。

——穆尼尔·纳素夫

迈出社交的第一步

很多儿童对社交活动的恐惧，都只是源于自己头脑中的想法而已，只有帮他们找到恐惧的原因，并以平和的心态应对，他们才能尝试着迈出社交的第一步。

很多儿童都曾感受过社交恐惧症的威力，当他们待在别人身边或是与其他人进行交流时，恐惧感往往让他们无所适从。在他们的头脑中，除了恐惧、焦虑、批评、嘲笑之类的灾难之外，几乎容不下任何东西，这就使得他们根本无法正常地与人进行交流。如果任由这种恐惧发展下去，不仅他们的学习成绩会受影响，而且他们以后的人生也会饱受其害。

患有社交恐惧症的儿童，通常都很想掩饰自己真实的想法和状态，但是很多时候往往事与愿违，他们越想掩饰，越会使自己暴露在众目睽睽之下。当他们成为众人的焦点时，他们总觉得自己会出现差错，成为众人嘲笑的对象。这种被审视的感觉如芒在背，于是他们总是表现得小心翼翼，然而，越是谨小慎微，越是容易出现"预料"中的错误。如果他们可以改变自己关注的焦点，从关注自己转为关注社交活动本身，并且努力学习一些社交技巧，相信他们就能真切感受到社交的美好。

皮皮的家乡是一个小山村，在他四岁的时候，他就跟着打工的父母一起来到了北京。

刚到北京的时候，皮皮开朗活泼，很快就和附近的小朋友打成了一片。可是由于皮皮只会说家乡话，所以小伙伴通常听不懂他在说什么。每当皮皮说话的时候，小伙伴们便会跟着模仿他，然后一群人一起哈哈大笑。刚开始的时候，皮皮只是尴尬地笑笑，然后继续和小伙伴们玩耍。可是一段时间之后，皮皮忽然不再加入小伙伴们的游戏，而是一个人独自玩耍，即便小伙伴们叫他一起玩，他也不予理会。

这种情况持续了一段时间，即便在皮皮学会说普通话之后，他依然不愿加入小伙伴们的队伍。在他上小学之后，这种状况不仅没有好转，反而更加严重了。他在课堂上不发言，课外活动也不积极参加，所有的团体活动，能不参加就不参加，宁可一个人独自枯坐在教室里。班主任发现这种情况之后，与皮皮进行了一次深入的沟通。从这次谈话中，班主任了解到皮皮不愿与人交流的原因。

一天，班主任带着皮皮到公园玩，并鼓励他与身边的人说话，哪怕是"你好"这样简单的词语也行。经过几次尝试之后，皮皮终于说出了

"你好"这两个字。慢慢地，皮皮跟身边的人交流得越来越多，也越来越顺利。班主任发现皮皮脸上闪烁着自信的光芒，便对他说："现在是不是很开心？你看，跟人说话没有那么难。连陌生人你都不怕，还怕身边的同学和朋友吗？"

皮皮眨着眼睛，高兴地说："我再也不怕跟他们说话了！"

班主任让皮皮从简单的接触开始，逐渐对身边的人产生信任感，这从源头上斩断了负面评价的影响。当皮皮能够以积极的心态面对社交时，他的恐惧也就消失殆尽了。

患有社交恐惧症的儿童，因为担心别人给他们负面评价，所以不愿参与社交；在社交活动中遭受负面评价之后，他们内心的恐惧又会成倍增加；如此循环往复，使得他们的内心更加焦虑。

想要消除儿童的社交恐惧，通常要经过以下四个步骤：

1. 寻找心魔

这个过程是要儿童寻找恐惧的原因，探寻头脑中究竟发生了什么事情。只有找到根源，才能做到有的放矢，提高成功率。

2. 挑战心魔

这个过程是要儿童勇敢地面对恐惧的来源，对其发出挑战，用更加积极的情绪和姿态来代替头脑中的负面情绪。

3．放松心态

在这个过程中，儿童要尽量放松心态，缓和之前紧张和焦虑的状态，使身体表现出正常的姿态。

4．互动扮演

在儿童调整完心态之后，家长可以与他们进行一些角色扮演或是模拟场景的游戏，让儿童在实践中获得更多的锻炼，进一步巩固之前的效果。

 心灵寄语

客观的重音落在说什么，主观的重音落在如何说。

——克尔恺郭尔

并不是每一个灾难都是祸，早临的逆境往往是福。

——波普

人的内心，既求生，也求死。我们既追逐光明，也追逐黑暗。我们既渴望爱，有时却又近乎自毁地浪掷手中的爱。人的心中好像一直有一片荒芜的夜地，留给那个幽暗又寂寞的自我。

——弗洛伊德

改变之旅：不喜欢说话的琳琳

琳琳是一个14岁的女孩，她不喜欢讲话，性格十分腼腆。上小学的时候，她有很多好朋友，并且一直和他们保持着良好的关系。可是自从升入初中之后，她就迷失了自己。

琳琳所在的学校很大，有很多学生。来到新的环境，琳琳想要尽快融入，和同学们多多交流，可是每当准备开口讲话的时候，她就非常紧张。随着时间的流逝，她终究没能融入集体，更不要说成为众人关注的焦点了。她逐渐变得沉默寡言，越发不知道如何与人交流。她时常自责，责怪自己缺乏自信，把大量的时间都浪费在尝试开口说话上，结果不但没能与他人交流，反而影响了自己的学习。她想有所改变，但是不知如何改变。她想不明白为什么跟人说句话变得如此困难，这本来是一件轻而易举的事情，在别人天南海北地聊天时，说上一句话并不会有什么妨害，可是自己怎么就说不出来呢？

琳琳陷入了深深的恐惧中，她甚至从尝试说话，变成了逃避说话。只要一看到同学，尤其是男生，她就变得十分窘迫，唯一的念头就是赶紧离开那"是非之地"。在她的头脑中，独处变成了一个更好的选择，她觉得这样能让自己更平静一些。

无聊的时候，琳琳竟然偷喝父亲的酒，酒后微醺的感觉让她觉得更加放松，因为那样她就不会被头脑中的那些恐惧、焦虑的念头纠缠。可是从另一方面来说，琳琳又有些害怕，她担心自己会被酒精麻醉，最终变成一个酗酒的人。经过激烈的思想斗争之后，琳琳将偷喝酒的事情告诉了妈妈，妈妈虽然惊讶且愤怒，但她愿意静下心来听琳琳讲述这么做的原因。

琳琳将自己在学校的情况和感受告诉了妈妈，希望得到妈妈的帮助。妈妈听完之后，非但没有责怪琳琳喝酒，还帮助琳琳一起分析问题，希望她能够尽早摆脱眼前的窘境。

妈妈带着琳琳一起去咨询专业的心理医生，医生告诉琳琳，她的这种情况是社交恐惧症。之所以出现这种情况，是因为琳琳的大脑对于她说话时将要遭遇的风险评估过高，这使得她做出了一些预防性的保护准备，恐惧和焦虑只是保护自己的手段而已。只不过，这种保护有些过度，反而阻碍了她的表现，才让她的行为看起来有些不正常。医生帮琳琳分析了原因，并告诉了她改变思维方式的办法，让她回去多加练习。

了解到焦虑的真实原因之后，琳琳对自己有了全新的认识，她决心战胜恐惧，重新做回自己。于是，她按照医生的建议，在说话之前尽量深呼吸，以保持平和的心态；她努力保持语速平稳，争取让同学们听清楚自己所说的每一个字；她试着和同学们打招呼，主动找机会和别人交谈；她对着镜子练习微笑，让自己的肌肉松弛下来……慢慢地，琳琳不再像之前那样焦虑，她终于可以正常地与同学们进行交流，笑容又重新绽放在她的脸上。

跟别人说话的时候，琳琳当然还会感觉紧张，但是她已经能够正确地认识和对待自己的情绪，这让她能够更从容地应对交流，给对方更多的反馈，从而使交流更好地进行下去。

现在的琳琳，比以前更加阳光和自信了。她知道社交是生活中不可或缺的一部分，也知道自己可以成为一个更受欢迎的人，所以，即便站在众人中间去接受审视，她依然可以面带微笑。

 **心灵寄语**

泰然自若是应付逆境的最好办法。

——普劳图斯

为了使儿童具有自信，获得一点点与人相处的技能，就去牺牲他的天真，让他和那些没有教养的孩子交往，这是很不对的；刚毅自主的品性的主要用途是为保持他的德行。男孩子有了与人交际的机会，没有不能学得镇定的，只要时间够。

——洛克

第五章 强迫症：完美主义孩子的焦虑之旅

在实际生活中，有些儿童会对某些事情表现出一种近乎偏执的态度，希望能够达到最完美的效果。对于他们来说，所有的事情都应该存在一定的程序，而且要按照程序一丝不苟地执行，否则就会引发他们的焦虑情绪。出现类似情况的儿童，很有可能正被强迫症困扰，家长应当予以重视，帮助孩子尽早摆脱这种境况。

强迫观念和强迫行为

在心理学中，强迫症只是一种观念而已。强迫症患者为了避免遭受强迫观念的侵扰，便需要某种强迫行为来驱散强迫观念。从某种意义上说，这二者之间存在着矛盾的关系。

在一般人的观念里，所谓的强迫症就是极端过分地担心或是关注某个事物。可是在心理学的相关内容中，强迫症被定义为"强迫观念"，指的是某个人遇到不想见到、让人感觉不开心的事物时，反复出现并希望尽力摆脱的干扰性想法或画面。而患者尝试摆脱这种观念时所做出的行为就被称作"强迫行为"。

强迫症给人带来的影响，主要表现在以下几个方面：

（1）产生一些看起来毫无理由的想法。

（2）认为这些看起来毫无理由的想法十分讨厌。

（3）产生了抑制或是将这些看起来毫无理由的想法从大脑中清除的冲动。

（4）同时产生两种互相矛盾的冲动：一种是希望通过某种强迫行为去满足这些看起来毫无理由的想法；另一种则是希望通过某种强迫行为去抑制这些看起来毫无理由的想法。

强迫症会对儿童的思维方式和行为习惯产生巨大的影响。

典型的强迫想法有：

（1）总担心遗漏了什么。

（2）总感觉自己有被外界污染的危险。

（3）安排事情的时候需要按照某种特定的程序。

（4）唯恐忘记做某件事情。

（5）准备去说或是去做某些不合时宜的事情。

强迫症患者往往会产生上述这些无法自控的令人不快的想法，而实际上他们也并不喜欢受到这些想法的困扰。强迫症患者有时可以意识到自己的想法并不合常理，可是他们依然会被这些想法驱使。

一般情况下，强迫症患者会有强烈的冲动去做某件事情或是实施某些行为，因为这可以让他们获得满足或是压抑强迫观念。这些强迫行为有：反复检查门窗是否关好，重复洗手，做事情要求尽善尽美，购买大量并不急需的物品，自言自语，静静地重复某个念头，等等。

在强迫症患者的潜意识里，强迫行为可以将强迫观念从头脑中赶走。可惜的是，他们的这种愿望很少能够实现，即便真的实现了，其持续的时间也是非常短暂的。

对于强迫症患者来说，强迫观念是十分具有侵略性的，让他们觉得大脑像是经历了一场轰炸一般。他们试图摆脱这些观念，逃避那些会引发强迫观念的场合，这样，他们就不用求助于强迫行为。可是，结果跟想象的截然相反，他们越是想要摆脱这些观念，能够感受到的强迫观念就越强。正确的做法应该是，坦然接受强迫观念及其引起的焦虑情绪，并以积极的姿态去应对，这才是获得思想自由的关键所在。

 **心灵寄语**

短时期的挫折比短时间的成功好。

——毕达哥拉斯

对勇气的最大考验，就是看一个人能否做到败而不馁。

——英格索尔

人生就像弈棋，一步失误，全盘皆输，这是令人悲哀的事；而且人生还不如弈棋，不可能再来一局，也不能悔棋。

——弗洛伊德

仪式感的强大吸引力

患有强迫症的儿童往往显得偏执，他们的行为方式就像在进行某种仪式，如果不能按照预定程序完成，他们的情绪就会出现极大波动，这种状况需要家长认真对待并尽早解决。

在生活中，经常能够看到这样一些儿童：读书的时候一定要按照顺序一页一页地读，摆放东西的时候一定要井井有条，考试的时候一定要考第一名，吃饭的时候一定要用餐巾纸，等等。一旦预先设定的程序被打乱，他们就会大发雷霆、焦躁不安。

很多家长不理解孩子的这种行为，甚至有些家长觉得这是孩子在胡搅蛮缠，故意没事找事。其实，孩子做出这种举动有可能是因为他们患有强迫症。要知道，许多因素都可能是构成强迫症的一部分，任何与强迫症有关的迹象都应该引起家长的注意。

特里是一名六年级的学生，他对起床有一种特殊的偏执。如果不按照固有的模式起床穿衣，他一整天都会变得焦虑不安。特里的妈妈为了安抚他的情绪，总会尽量满足他的要求，让他按照自己的方式起床。可是，事情总会发生一些偏差，或是时间早了，或是有突发事件，总能引起特里的焦虑。这让特里和他的妈妈都感到十分痛苦，他们都希望特里能够摆脱强迫症的困扰。

特里尝试去改变，可是这对他来说很难。特里说："为了改善情绪，我要做很多事情，不然我的强迫症就会发作，那样接下来一整天的时间我的状态就会变得很糟糕。可是，即便我做了这么多事情，心情依然难以平静，我想不明白，为什么起床对我来说如此重要。从某种角度来说，我并不喜欢自己目前在做的这些事情，尽管这样做是为了保护我，让我远离焦虑。但是，从另一方面来说，数数之类的做法也毁掉了我一部分的生活，因为我无法按照自己的想法去做一些事情。虽然与一整天相比，花费这些时间是值得的，可是别的孩子并不需要像我这样就能得到快乐，这让我觉得自己始终与别的孩子有所不同。"

对于特里这类患有强迫症的儿童来说，按照一定的程序去做事情，仿佛一种仪式一般，必须按部就班地完成，这是他们追求完美的一种表现。意识到这种表现需要改变的时候，他们就会觉得十分煎熬。改变一种习惯尚需一段时间，更何况比习惯更加根深蒂固的强迫症呢。

那些患有强迫症的儿童，总会通过某种固定的动作来减轻自己的焦虑，如深呼吸、走来走去、说话等。对于他们来说，这些举动就像身

体的一部分，总会在不知不觉间出现。他们眼中的世界，始终充满规律性，他们所做的一切，都是为了保持事物的秩序，让自己生活得更加舒心一些。

家长需要注意到的是，孩子的强迫症并不一定是完全型的，他们可能十分关注某些细节或模式，并乐此不疲，比如，保持桌面整洁、作业本要毫无瑕疵等。对于家长来说，无论孩子的强迫症是何种程度，都应该及时进行纠正和治疗，同时，为了让孩子摆脱强迫症的困扰，暂时让他们遭受一些煎熬是十分必要且值得的，这可以让他们免受之后多年的痛苦。家长需要让孩子明白，克服强迫症虽然有些困难，但是经过长期的练习和纠正之后，完全可以摆脱这种困扰。

 **心灵寄语**

由于痛苦而将自己看得太低就是自卑。

——斯宾诺莎

经验证明，能使大多数人得到幸福的人，他本身也是最幸福的。

——马克思

快乐是一种奢侈。若要品尝它，绝不可缺的条件是心无不安。心若不安，那稍受威胁，快乐就会立刻烟消云散。

——司汤达

强迫症有多可怕

强迫症的威力超乎很多人的想象，它并非患病儿童自己的事情，而是家长、老师以及儿童身边的人需要共同关注的问题。

通常而言，患有强迫症的儿童不仅会让自己陷入困境，也会给身边的人带来很多困扰。尤其是对于患病儿童的父母而言，孩子的很多行为都让他们难以理解和接受。

很多家长想不明白，为什么自己的孩子会对某件事情或某套程序如此执着，想让他们改变自己的想法简直难于登天。强迫症就是如此让人抓狂，它非但不易受到外界影响，还会随着时间的推移不断发展变化，变得更加复杂和多样化。对于被强迫症困扰的儿童来说，强迫思想让他们的思维发生了紊乱，并因这种混乱而感觉焦虑不堪。

有些儿童对清洁的要求近乎疯狂，只要发现一点脏东西，马上就会大呼小叫。如果是在自己家里，发生这种状况还不算太糟；倘若是到别人家做客或是到外面就餐，那就会给众人带来极大的难堪了。尽管这种情况只是少数，但其产生的影响是实实在在的，对此家长要加以重视。

珍妮非常害怕细菌，她总觉得每个角落都被细菌充斥，让她无法呼吸和行动。

对于珍妮来说，随时随地都存在着被细菌污染的可能。她不愿跟任何人接触，即便是自己的父母也不例外，因为她担心自己会被别人传染疾病。

在学校的时候，她对每个同学的咳嗽、喷嚏都十分在意，只要发现同学有疑似生病的症状，她便会远离那些同学；她对医院充满了排斥感，即便生病也不愿去看医生，因为她觉得医院里到处都是细菌，到那里去只会令她的病情加重。

总之，只要是她认为有可能带来细菌的人或场所，她都会感觉十分焦虑。而且，珍妮只要碰到了什么让她觉得不干净的东西，就会马上冲进洗手间，按程序完成一整套的清洗动作。

她会仔细清洗自己的指甲、手指，至少清洗三遍以上。有时候，她会清洗几分钟；有时候，她甚至会清洗一个小时。如果是在家里，她便会直接洗澡，从头到脚洗个干净。然而，在清洗完毕之后，她又会担忧水龙头不干净，让她染上细菌。

尽管珍妮生活在一个近乎封闭的状态中，但是这种"保护"并没有让她觉得安全，她始终想着细菌会在什么时候侵袭自己，这让她总是充满焦虑，承受着巨大的心理压力。

　　珍妮对细菌的担忧明显已经超出了正常的范围，她的心理状态令人担忧。她的种种表现不仅孤立了自己，也让身边的人饱受折磨。试想一下，她的父母都不能和她接触，这对她父母的心理会造成多大的伤害！

　　对于那些患有轻度强迫症的人来说，强迫的念头只是有些让人烦躁而已。比如，走路的时候一定要数自己走了多少步等，这类情况并没有对生活造成多大的影响，或许会偶尔打扰别人，但并不会让人那么厌恶。可是对于重度强迫症患者来说，与人相处和交往都是很困难的事情。比如上述案例中的珍妮，她对细菌的恐惧使得她无法与人握手、拥抱，无法乘坐公交车去学校，很多日常的事情她都没法去做，如果不改变这种状况，她甚至无法继续生存下去。

可见，强迫症对儿童的影响是难以估量的。它的存在不仅对儿童是一种巨大的威胁，对于周边的人来说，也是一个难以解开却又不得不解开的难题。

 心灵寄语

被人揭下面具是一种失败，自己揭下面具却是一种胜利。

——雨果

假如自负、虚荣心或愤怒使儿童失去了恐怖，或者使他不听恐怖心的劝告，那就应当采取适当的方法将这种心理消除掉，应该使他稍稍考虑一下，降低火气，三思而后行，看看眼前的事值不值得冒险。

——洛克

战胜强迫症，帮孩子找回真实的自己

强迫症虽然可怕，但并非不可战胜。只要家长和孩子保持一致，并为孩子做好应对强迫症的榜样，孩子就能逐步摆脱强迫症的困扰，并找回真实的自己。

由于对强迫症的认知有限，或是没有及时关注孩子的变化，很多家长对孩子的强迫症关注得并不是太多。等注意到孩子的变化时，强迫症已经在孩子的头脑中深深扎下了根。虽然强迫症已经根深蒂固，并且对儿童的生活和行为产生了显著的影响，但是它依然可以得到缓解直至彻底痊愈。

在孩子的强迫症发作时，家长往往无处下手，不知所措。想要帮助孩子平复情绪，却又感到害怕，唯恐自己的做法非但起不到正面作用，反而会使孩子的状况变得更差。从这个角度上说，孩子的强迫症让孩子和家长同时感受到了焦虑。想让孩子镇定下来，家长首先应该保持镇定，即便内心十分煎熬和痛苦，也要向孩子展现坚强的一面，用行动告诉孩子强迫症并不可怕。要做到这一点，并不是一件容易的事情，家长必须做好充分的心理准备，以坚韧不拔的精神和强迫症做长期的斗争。

强迫症会让孩子的头脑中出现很多不可理喻甚至荒谬至极的念头，它们的出现会加剧孩子的焦虑。如果家长能在此时保持理智，用平静的语气开导孩子，那对孩子就是一种极大的帮助。

切尼是一个深受强迫症折磨的男孩，每次出门之前，他总要仔细检查房间的每一扇窗户、每一扇门，以确保它们都被关好了。可是，即便如此，他出门之后也需要回家数次检查门窗，因为他总担心门窗没有关好。这让切尼深感痛苦。

切尼的妈妈只好向专业人士求助，并带着切尼去进行治疗。医生告诉切尼的妈妈，强迫症的治疗是一个长期的过程，要循序渐进，切忌急功近利，否则会令孩子产生更大的压力。

按照医生的嘱托，切尼的妈妈带着他进行了将近一年时间的治疗。从最初的了解强迫症，到直面强迫症，再到症状有所减轻，切尼逐步好转，心态也比以前稳定了很多。在整个过程中，切尼的妈妈时刻关注着切尼的状态，每当她感觉切尼有进步，能够进入到下一阶段时，她便会和医生商量出一个方案，帮助切尼更进一步。

有一天，妈妈对切尼说："切尼，我觉得你已经可以控制自己，不需要数次回家检查门窗了。"

切尼有些惊恐："怎么可能？你不让我回家检查窗户，那还不如让我从楼上跳下去呢。"

妈妈笑着说："你自己看看，现在的你比以前有多大的进步啊！我相信你可以，你也应该相信你自己啊！你头脑中的那些想法，不过是强迫症在作怪而已，你不会真的去跳楼的。"

听了妈妈的话，切尼依然有些无法接受。

妈妈接着说："那这样吧，如果今天出门之后你可以不返回家检查门窗，周末我就带你去游乐场玩。如果你能坚持一个星期，我就带你出去旅游。你好好想一想，妈妈怎么会害你，让你从楼上跳下去呢！"

切尼依然感到担忧，但是妈妈的话确实很有道理，他平静地想了一下，最后接受了妈妈的建议。

切尼所产生的"跳楼"想法，是十分荒谬的，即便他不回家检查门窗，相信他也不会真的那样去做。他的妈妈知道这种恐惧只不过是虚假警报而已，这种逃避式的反应，恰恰说明切尼需要帮助，只有战胜强迫症，切尼才能看到真实的自己，才能正常生活下去。

在治疗儿童强迫症的过程中，循序渐进是非常重要的一点。要有计划、有步骤地辅导、帮助儿童，尽量在他们可接受的范围内采取一些措施。否则，一旦超过儿童的承受能力，就会增加他们的心理压力，使得焦虑增多，起到相反的作用。

 **心灵寄语**

每一个决心献身教育的人，都应当容忍儿童的弱点。

——苏霍姆林斯基

我们都更尽力地去避免痛苦，却不去努力地获得快乐。

——弗洛伊德

如果人是野兽或者天使，那么他就不能感受到焦虑；正因为他是两者的结合体，所以他才能够焦虑。

——克尔恺郭尔

改变之旅：容不得一丝凌乱的乐乐

乐乐对自己的东西十分在意，每一样物品都有其固定的位置。没有他的允许，连他的父母都不能进他的房间，即便经过他的同意进入了房间，也不能随意翻动房间内的物品。假如父母擅自动了乐乐的东西，他就会大喊大叫、躁动不安。

一天，乐乐的妈妈在电视上看到一则有关少儿书法大赛的告示，乐乐平时练习书法，水平还算不错，因此妈妈想找一幅作品帮他报名。可是乐乐正在夏令营进行体验活动，一时半会儿回不来，妈妈便自作主张去他的房间翻出了一幅作品，给承办单位寄了过去。

半个月之后，乐乐结束夏令营活动，返回家中。妈妈看着乐乐黑瘦的样子，十分心疼，眼泪扑簌簌地落了下来。看到妈妈的样子，乐乐很难受，他也很想妈妈，于是紧紧地抱着妈妈不放。两个人抱在一起哭了一阵，才将思念的情绪释放了出来。

擦干眼泪之后，乐乐回到了自己的房间，当他发现有人随意翻动他的东西之后，立刻大发雷霆，冲出房间对眼圈通红的妈妈嚷道："是谁进了我的房间，随便乱动我的东西？"乐乐的反差让妈妈十分诧异，她想不明白，之前还跟自己抱头痛哭的乐乐，为什么突然变得这么暴躁？虽然感到有些莫名其妙，但妈妈还是很耐心地向乐乐解释进入他房间的原因。可是无论她怎么解释和道歉，乐乐都不愿接受，而且很长时间都不愿意和妈妈说话。

对于乐乐的这种情况，妈妈有些摸不着头脑，她很想改变乐乐的思维和处事方式，但是不知道从哪里入手。一个偶然的机会，妈妈从同事那里听说乐乐的这种情况和心理因素有关，于是带着他去心理医生那里进行咨询。

经过一系列的测试之后，心理医生告诉乐乐的妈妈，乐乐之所以对凌乱表现得异常敏感，是因为他患有强迫症。要改变他焦虑的状况，需要进行心理疏导和矫正。

以前，只要看到家里有凌乱的地方，乐乐总是让爸爸妈妈立刻收拾整齐，之后他才肯走进家门。为了让他高兴，爸爸妈妈总是以最快的速度将东西收拾好，什么时候达到他的要求，什么时候再停下来。这让乐乐的爸爸妈妈身心俱疲，但是又不得不做。咨询心理医生之后，爸爸妈妈不再这样了，他们让乐乐努力尝试走进家里，从一点点的凌乱开始，渐渐让乐乐适应凌乱的状态。因为心理医生告诉乐乐的妈妈，要想让乐乐摆脱强迫症，必须让他直面凌乱，接受凌乱。要让他知道凌乱是一种十分常见的状态；让他知道，凌乱是可以改变的，而且改变之后就会变得整洁，凌乱和整洁是互相转化的关系，而非互相对立。

在心理医生的指导和帮助下，乐乐的强迫症有了很大的改善。当他看到凌乱的东西时，不再像以前那样焦躁不安了，这让他的爸爸妈妈都感到十分欣慰和开心。

 **心灵寄语**

经验本身并不比留于记忆的生活意义来得重要。

——阿德勒

真正的快乐是对生活的乐观，对工作的愉快，对事业的兴奋。

——爱因斯坦

任何问题都有解决的办法，无法可想的事是没有的，要是你果真弄到了无法可想的地步，那也只能怨自己是笨蛋，是懒汉。

——爱迪生

第六章　分离性焦虑症：儿童黏着家长的根源所在

　　患有分离性焦虑症的儿童，往往对分离十分敏感，尤其是在跟自己的父母分离时，焦虑的症状表现得尤其明显。十分普遍的上学分离、工作分离、睡觉分离等，均会让儿童产生焦虑。其原因在于，儿童一旦离开父母，总会产生不安全的感觉，如果与父母在一起，即便真有不好的事情发生，他们也会在第一时间得到保护。

走近分离性焦虑症

分离性焦虑会让儿童担心失去父母的庇护，这是他们自我保护的一种手段。尽管它的存在可能会影响儿童的成长，但比儿童缺乏分离性焦虑要更好一些。

在生命的最初阶段，孩子似乎对世界一无所知，然而在某一天，细心的家长会发现，自己的孩子突然懂得"害怕"了，想要寻找自己的父母。这种对分离的焦虑是一种孩子的自我保护措施，对于孩子的生存具有十分重要的意义。一旦孩子脱离父母太久或是距离父母太远，这种焦虑便会让孩子选择寻找父母，渴望投入父母那安全的怀抱。

通常而言，分离性焦虑会在几个月之后逐步消失。因为在这个过程中，孩子已经逐渐成长，对分离有了更进一步的认识。他们知道，父母总会在身后紧跟自己，无论他们钻进花园还是追逐蝴蝶。在接下来的几年中，孩子会逐渐变得独立，分离焦虑对于他们来说已经不再那么可怕。他们知道父母需要工作，自己也需要上幼儿园，所以能够接受分离带来的痛楚。从某种程度上说，只有摆脱了分离性焦虑，儿童才能更有自信，才能更加独立。

对于大多数儿童来说，接受分离的现实是十分容易的事情，但是对于那些患有分离性焦虑症的儿童来说，这个过程却是一座难以跨越的高山。

米妮已经九岁了，依然和她的父母睡在一起。父母都知道这是一个问题，但是并不知道应该如何处理和解决。因为只要让米妮一个人睡在小房间，她就会说房间里有魔鬼，要把她吃掉，她会害怕得睡不着。或者是即便睡着了，也会不断做噩梦，根本睡不踏实。

米妮的父母做过很多努力，希望米妮可以独自睡觉。可是只要让她单独睡觉，无论是给她讲故事还是放音乐，米妮的眼睛总是睁得大大的。一旦和父母睡到一起，米妮很快就能进入梦乡。

对于米妮的这种情况，父母感到深深的担忧：如果米妮一直无法从分离性焦虑症中走出来，那她今后如何一个人生活呢？

米妮无法独自入睡，是儿童分离性焦虑的表现，这是一种十分典型的儿童焦虑情绪，是儿童自我保护的一种手段。这种情绪反应并非米妮刻意而为之，而是一种本能，会在不知不觉间表现出来。

分离性焦虑是人类在儿童时期十分常见的一种情绪，只要儿童和他的监护人分离开来，焦虑的情绪就会出现。它的主要表现是：儿童在学校、幼儿园或是其他场所与监护人分开之后，往往会哭闹不止，表现出烦躁不安、无精打采等现象。分离性焦虑对儿童的学习和成长会产生一定的负面作用，但是对孩子也有保护作用。

部分儿童心理学研究者认为，儿童的分离性焦虑是一种正常的表现，它的存在并非坏事，与之相比，没有表现出分离性焦虑则是一件更加糟糕的事情，那样说明他们生活在一个缺乏关爱的环境中，所以才对自己的父母没有什么依恋。在这种环境中长大的孩子往往会表现得冷漠、孤僻。如果家长发现孩子对自己的依恋性不强，就需要对孩子的心理状况多加关注。

 **心灵寄语**

快乐不在于事情，而在于我们自己。

——威廉·理查德·瓦格纳

如果人是乐观的，一切都有抵抗，一切都能抵抗，一切都会增强抵抗力。

——瞿秋白

人总是喜欢在别人面前表现自己，自己原来是一无所有，反而要处处装出有的样子。

——巴尔扎克

建立自信，就能摆脱焦虑的困扰

对于患有分离性焦虑症的儿童来说，分离是痛苦的，只有让他们认识到分离的必然性并建立起足够的自信，他们才能摆脱焦虑的困扰。

很多情况下，即便刚刚和父母分开，或父母只是离开了自己的视线，患有分离性焦虑症的儿童也会变得十分紧张。因此，常常会出现这样的情况：家长要去厕所，儿童就会跟到厕所门口，隔着门和家长对话，以便确认家长没有离开自己；儿童睡觉醒来，发现家长没在身边，马上就会放声大哭……之所以出现这些情况，是因为儿童对分离充满了恐惧，他们需要时刻确保身边有人保护，这样才能得到他们想要的安全感。

遥遥是一个患有分离性焦虑症的孩子，他无法跟随同学们一起去参加露营，也无法接受父母到外地出差。只要父母在家，他就希望父母始终处于自己的视线范围之内。如果父母有事需要出门，在和保姆相处的那段时间里，遥遥能够感受到的只有痛苦和焦虑。

遥遥的父母带着他去治疗，在充分了解了自己的状况之后，遥遥决定通过自己的努力去战胜心中的焦虑。他尝试着一个人去学校；在父母出去散步的时候，一个人待在家里；等等。在做这一切的时候，他虽然感觉痛苦，可是看到自己的进步，心中更多的是欣喜和兴奋。

一天，遥遥的妈妈必须要到外地出差。她知道这对遥遥来说十分难以接受，可是她不得不将这个消息告知遥遥。她本以为遥遥会大哭大闹，没想到遥遥竟然很平静地表示同意。

这都是遥遥改变自己的结果，他已经懂得分离是一种生活的常态，分离的时间长也好，短也罢，总之是一个必须面对的问题。妈妈在他身边时，他会觉得安全；但是他也知道妈妈的工作很重要，两者相较之后，遥遥做出了同意妈妈出差的正确选择。这对遥遥来说是一个巨大的挑战，更是一个巨大的成功。

遥遥的分离性焦虑对他的学习和生活都产生了巨大的影响，也使他的父母遇到了很大的麻烦。后来遥遥通过自己的努力，逐渐接受了分离的事实，这说明他的分离性焦虑症正在逐步好转，他已经赢得了阶段性的胜利。

对于一些患有分离性焦虑症的儿童来说，他们并不是非要寸步不离地跟着父母，或是非要和父母在一起才会感觉舒服。他们只是比一般儿童需要更多的时间去适应，在他们能够正确认识并接受分离之前，无论是真实的分离还是想象中的分离，对他们来说都是十分痛苦的。

一旦他们认识到了分离的必然性，并能在分离中建立起足够的自信，他们就可以摆脱分离性焦虑症的束缚，看到不一样的人生风景。

 **心灵寄语**

我们所害怕的，正是我们所渴望的。

——克尔恺郭尔

能在自己的家庭中寻求到安宁的人，是幸福的人。

——歌德

我必须创造自己，我让自己的忧愁变得甜蜜，我把自己的痛苦化为幸福，我带着这忧愁和痛苦表现自己。

——泰戈尔

帮孩子树立独立自主的观念

患有分离性焦虑症的孩子，很害怕独自一人去做某些事情，而帮助他们树立独立自主的观念，可以让他们认识到分离并不可怕，一个人也能做好要做的事情。

没有家长希望看到自己的孩子遭受分离性焦虑症的折磨，他们总会想方设法地带给孩子安全感，这是亲情使然。对于许多家长来说，如果有方法可以治愈孩子的分离性焦虑症，他们一定愿意去尝试，愿意尽最大的努力去帮助自己的孩子。

对于儿童何尝不是这样呢？他们也想快乐地和小伙伴们玩耍，也想自己的父母能够正常地工作，可是他们无法掌控一切，那些可恶的念头总会侵扰、影响他们。

令人欣慰的是，儿童的分离性焦虑并非无法克服，无论家长还是儿童，都能通过自己的努力去改变现状。对于家长来说，充分的溺爱和时时刻刻的保护不仅无法帮助儿童摆脱分离性焦虑的困扰，反而会让他们越来越依赖家长，越来越无法接受分离。只有让他们学会独立，学会自主地去做一些事情，并感受到独立自主的快乐，他们才愿意尝试脱离父母的保护，尽早摆脱分离性焦虑的束缚。

莉莉对分离有着十分可怕的印象。在她的想象中，一旦她离开自己的爸爸妈妈，爸爸妈妈便会离她而去，让她一个人孤零零地生活下去。

因此，无论莉莉的父母要去哪里，她都像个"小尾巴"一样跟着。她不允许爸爸妈妈离开她的视线，即便和小朋友一起玩耍的时候，也要时时刻刻盯着自己的爸爸妈妈，唯恐他们突然消失不见了。

莉莉的父母对此很头疼，他们知道，如果一直顺从莉莉，只会让莉莉的情况越来越糟。于是，两个人商量好应对的措施，开始对莉莉进行训练。

一个周末，爸爸妈妈带着莉莉到公园去玩。两个人按照商定的计划，在一个花坛边上与莉莉玩起了游戏。

妈妈说："莉莉，我们来玩捉迷藏游戏吧，让爸爸先藏起来，然后我们一起去找他，好不好？"

莉莉有些着急地说："不要！不要！看不到爸爸我会害怕的！"

妈妈劝慰道："没关系的，妈妈在你身边呢！我会和你一起找的，这个游戏可好玩了！"

莉莉犹豫了一下，勉强答应了。

于是，爸爸先藏了起来。尽管在爸爸消失的那一刻，莉莉有些慌张，可是妈妈的陪伴，多少让她的焦虑有所缓解。很快，莉莉和妈妈就找到了爸爸。几个回合之后，换成了妈妈去藏，爸爸和莉莉去找。经过之前的铺垫，莉莉对妈妈的消失已经可以接受，她像之前一样，很快就找到了妈妈。

在之后的日子里，这样的游戏进行了不知多少次。终于有一次，妈妈尝试着让莉莉自己去找爸爸的时候，莉莉竟然可以独自去找，并且很快就找到了，这让莉莉的父母欣喜若狂。经过长期的锻炼，莉莉已经可以不需要大人的帮助，便能自己去做一些事情了。

莉莉对分离的焦虑使得她时时刻刻都需要父母陪伴在其左右，当父母远离她的视线时，她就会害怕。与父母的分离让她充满焦虑，以至于完全无法正常地生活。莉莉的父母用捉迷藏这种方式，让莉莉渐渐适应短暂的分离。当莉莉能够从心底接受分离的事实，并亲身感受它时，她心中的焦虑也就逐渐消散了。

对于无法和父母分离的儿童，越早让他们学会独立自主地做一些事情，就能越早地帮他们摆脱分离性焦虑的困扰。这是每一位家长都应该具有的认知，也是帮助孩子从痛苦中解脱的良好方法之一。

 **心灵寄语**

逆境是到达真理的一条通路。

——拜伦

引起矛盾和产生痛苦是精神分析不可避免的命运。

——弗洛伊德

教育中应该尽量鼓励个人发展的过程，应该引导儿童自己进行探讨，自己去推论。给他们讲的应该尽量少些，而引导他们去发现的应该尽量多些。

——斯宾塞

改变之旅：不愿上幼儿园的依依

在大多数儿童看来，上幼儿园是一件十分有趣的事情，既能与同龄的伙伴一起玩耍，又能从老师那里学到很多知识，可是对于依依而言，上幼儿园却是一件十分痛苦的事情。

每天早上起来，只要一说去幼儿园，依依就赖在床上不愿起来。妈妈好不容易把她从床上弄起来之后，她又磨磨蹭蹭地穿衣服、刷牙、洗脸、吃饭，等一切收拾妥当后，常常已经超过了上课时间。即便如此，她依然慢悠悠地走路，丝毫没想到妈妈上班就要迟到了。好不容易挪到幼儿园，在即将和妈妈分开的时候，依依立刻大哭起来，怎么劝都劝不好。妈妈一狠心去上班了，本以为依依哭上一段时间就好了，可是，刚到公司没多长时间就接到了幼儿园园长的电话，这才知道依依和之前几天一样，从进入幼儿园开始就哭个不停，老师和园长都束手无策，只好给她打电话。依依的妈妈只好向领导请假，而这已经是她连着第五天因为依依的哭闹而被迫请假。

对于依依的情况，妈妈十分着急，一方面是因为她无法正常地在幼儿园上课，另一方面则是因为自己的工作也受到了很大的影响。当然，相对于工作而言，依依的情况更加令妈妈担忧，她很希望依依能像别的孩子一样，尽早脱离自己的怀抱，去拥抱属于自己的生活。

于是，妈妈带着依依一起读一些相关的书籍，看一些与分离相关的动画片等，让她在这个过程中逐渐接受分离的现实。在这个过程中，妈妈不断开导依依，告诉她上幼儿园的好处，以及自己工作的必要性。尽管依依仍然有些焦虑，可是她似乎理解了妈妈的话。当妈妈询问依依星期一能不能去幼儿园时，她勉强地点了点头。妈妈觉得十分高兴，依依总算有了一些进步，这是一个好迹象。

星期一早上，依依还是像之前一样磨磨蹭蹭，可是眼中的焦虑已经少了许多。当妈妈将依依送到幼儿园，准备转身离开的时候，她还是大声哭

了起来。妈妈安慰了一下依依，对她说："依依，乖啊！你先跟阿姨去上课，和小朋友在一起很好玩的。妈妈下了班就来接你，然后我们一起回家看动画片，好吗？"依依恋恋不舍地看着妈妈，委屈地点了点头。

虽然是在上班，但是依依的妈妈一直都在惦念着依依，她时不时地盯着手机，总担心幼儿园园长会给自己打电话。然而，直到下班，她也没有接到园长的电话。下班之后，她以最快的速度来到了幼儿园。

园长抱着依依，向依依的妈妈反映了情况："依依今天表现得很好哦，虽然因为想妈妈哭过几次，但是老师一哄就不哭了，她真是太棒了！"

听了园长的话，依依妈妈心中的石头总算落了地。她对依依竖起了大拇指，说："我就知道依依是最棒的！"然后，妈妈牵着依依的手，两个人高兴地回家了。

随着时间的推移，依依的分离性焦虑越来越少，她终于能像别的小朋友那样愉快地玩耍了，笑声也常常在她的家里回荡。

心灵寄语

不要每逢看见儿童受了一点点痛苦就去哀怜他们，或让他们自己去怜悯自己，我们此时应该尽力帮助他们，安慰他们，可是千万不能怜悯他们。因为怜悯可以使他们的心理变脆弱，使他们遭受一点点轻微的伤害就支持不住，结果往往是，他们更加沉浸于受伤的部分，伤害更加扩大化了。

——洛克

第七章　广泛性焦虑症：莫名其妙地为所有的事情担心

　　患有广泛性焦虑症的儿童几乎会为每一件事情担心，他们几乎无时无刻不在感受焦虑。对于儿童来说，焦虑是一件十分可怕的事情。然而更加可怕的是，患病的儿童并不知道自己为什么会焦虑，所以在做每一件事情之前，他们必须花费大量的时间去确认自己没错。可是，所有的准备似乎都无济于事，这让儿童不得不长期处于紧张的状态，对其身心都有巨大的伤害。

什么是广泛性焦虑症？

广泛性焦虑症是一种持续时间较长并让人深感沮丧的焦虑症状，患病的儿童往往会神经紧张，无法克制地产生一些不好的想法。它的存在，是对儿童正常成长的巨大威胁。

广泛性焦虑症指的是过度的、无法掌控的焦虑，它是一种让人感觉衰弱的糟糕状态。一旦患上广泛性焦虑症，儿童就会时时刻刻处于焦虑之中，无论是什么因素引起了他们的焦虑，他们的第一反应永远都是做好最坏的打算。通常而言，患病儿童看上去会十分紧张，常常失眠，并有头痛等症状。

患有广泛性焦虑症的儿童几乎会担心每一件事情，这让他们的神经经常处于紧绷的状态。相关研究表明，有2%～19%的儿童会承受这种焦虑的折磨。一旦某个儿童被确诊为广泛性焦虑症，那么相应的症状至少要持续六个月的时间才会逐渐消失。

卡特是一名小学四年级的学生，他几乎对身边的一切都感到担忧。

走在路上的时候，他担心天上会不会掉下什么东西砸中他的头；在学校的时候，他总觉得自己的语文不好，会被老师批评，还会被同学们嘲笑；回到家里，他又害怕有什么事情做不好，会惹妈妈生气……

为了避免出现自己所担心的情况，卡特总是小心翼翼地去做每一件事。正是因为卡特的细致和谨慎，他每做一件事情必然要比别人花费更多的时间。由于无法按时完成任务，着急和自责又成了焦虑的新来源，在不断的恶性循环中，卡特的焦虑越来越多，他觉得好像生活中的每个人、每件事都在和他作对。他想不明白，为什么越是想做好，反而越做不好。

卡特的精神状态越来越差，妈妈只好带着他去寻求医生的帮助。

很明显，卡特受到了广泛性焦虑症的困扰。之所以出现这种情况，是因为他的大脑对恐惧和潜在的威胁产生了过度的热情，这令他在任何情况下都反应过度。他的焦虑不断叠加，并形成了恶性循环，越来越大的焦虑包袱使得他难以承受，最终走向了精神崩溃的边缘。

安娜同样是一个对很多事情充满焦虑的儿童。每当听到一些不好的消息时，她总觉得那些消息最终会变成一个令她难以承受的现实。比如，上课的时候，老师对全班同学说："下课之前一定要把作业写完，不然就不能回家。"听到老师的话以后，安娜脑海中只有一个念头，那就是她今天回不了家了，甚至可能要永远待在学校里。

实际上，离下课的时间还早得很，只要全神贯注，完全能在下课之前完成作业。可是在那一刻，她的大脑已经被焦虑的想法填满，根本无法集中精神去做作业。结果，她真的没能在下课之前完成作业，她的担忧再一次变成了现实。

对于安娜来说，这样的事情几乎每天都会发生。即便之前老师从未在放学之后将她留下，她也依然会充满焦虑。

安娜的焦虑是身不由己的，她无法控制自己，最终只能自己去承受焦虑带来的痛苦。对她来说，焦虑情绪一旦被激发出来，她完全没有办法让它停下来。

广泛性焦虑是常态化的，哪怕只是一个小小的刺激，都可能引发儿童的焦虑情绪。对于患有广泛性焦虑症的儿童来说，生活中处处都有不得不去面对的威胁，而且这种情况只会越来越糟。他们每天都在遭受折磨，而且似乎永远看不到希望。作为家长，应该正确认识广泛性焦虑，尽管它总是让人沮丧，但是只要勇敢面对，总能找到应对它的办法。

 **心灵寄语**

只有把抱怨环境的心情化为上进的力量，才是成功的保证。

——罗曼·罗兰

良好的健康状况和由之而来的愉快的情绪，是幸福的最好资本。

——斯宾塞

伟大的心胸，应该表现出这样的气概——用笑脸来迎接悲惨的厄运，用百倍的勇气来应付一切的不幸。

——鲁迅

广泛性焦虑是如何形成的

广泛性焦虑的形成原因是十分复杂的，它是多种因素共同作用的结果，其中包括心理、遗传、环境、突发状况等。

"广泛性焦虑"这个词可谓名副其实，因为它的症状确实是泛化的。对于患有广泛性焦虑症的儿童来说，无论是吃饭、睡觉，还是上学、考试，只要是发生在他们身上的事情，所有的一切都可能引发他们的焦虑。可以说，除了睡着的时候，他们活着的每一分、每一秒，都有可能受到焦虑的纠缠。甚至在某些时候，连为什么活着都会成为他们焦虑的问题。

丹妮是一个被广泛性焦虑折磨的孩子，她和妈妈之间进行了这样一段对话。

妈妈："丹妮，你总说你被焦虑困扰，你能不能告诉我你现在在担心什么？"

丹妮："您应该问我什么是我不担心的才对。担心冒犯别人，担心会被老师批评，担心惹您生气，我担心的事情实在太多了。"

妈妈："这么说来，你担心的事情很多啊！先说说被老师批评的事吧，你为什么会有这种感觉？"

丹妮："我也说不出是什么原因。有时候我就是自己纠结，我害怕自己的字写得不好，或是考试成绩不理想，害怕老师对我的评价不高。"

妈妈："你总是这样担心，会不会觉得很受困扰？"

丹妮："是啊，我一直受到焦虑的困扰，但是好像没有办法控制自己。回到家里的时候，虽然我没有做什么错事，可是我总觉得会惹您生气，于是总是小心翼翼。这种念头好像很自然地就出现了，我根本没法阻止它。"

妈妈："那你觉得，这些担心是不是在某种程度上对你有所帮助呢？"

丹妮："尽管这听起来有些缺乏理性，但是确实对我有帮助。因为我可以在坏事发生之前就做好准备，这种防患于未然的做法，让我不至于被突发事件吓到。也许正是因为这种焦虑，我才在问题超出控制范围之前就发现了它，这也激励我把事情做好。"

丹妮描述的情况，正是广泛性焦虑的典型表现。她的种种担心，并非刻意为之，而是不受其控制的。

在常人看来，广泛性焦虑似乎难以想象，甚至有些不可理喻。可是一旦了解了广泛性焦虑的形成原因，我们就会知道它的存在是有其价值和意义的。

（1）如果追本溯源，人类焦虑的起源能够回溯到远古时代。在那个时代，猛兽、疾病、自然灾害、食物短缺等都是人类随时可能面临的危险，为了规避这些危险，人类的祖先必须考虑各种各样的因素，这种过度思考的倾向就是广泛性焦虑的源头。从某种程度上可以说，焦虑是人类避灾解难的工具和策略。正是由于对生存状况和繁衍生息的担忧和思考，人类才逐渐学会了各种各样的技能，并不断取得进步。不得不说，焦虑在这个过程中发挥了巨大的作用。

（2）从进化心理学的角度来说，焦虑心理的存在也有一定的道理。尽管社会一直在进步，但是人类总归要面临各种意想不到的状况，为了适应不同的状况，人类的焦虑心理也在不断发展和变化。

（3）有研究表明，广泛性焦虑症具有一定的遗传性，有大约38%的儿童因为这个原因而患病。虽然受到基因的影响，但是并不意味着注定要长期焦虑下去，通过适当的调整，一样可以战胜广泛性焦虑症。

（4）广泛性焦虑症会受到生活环境的影响。在和睦家庭中成长的儿童与在矛盾不断的家庭中成长的儿童相比，其患有广泛性焦虑症的可能性要低很多。

（5）生活中的一些突发事件，会增加儿童患上广泛性焦虑症的可能性。这种突然的刺激，会让儿童感觉手足无措，进而引发焦虑情绪的产生。

对于大多数患有广泛性焦虑症的儿童来说，其患病原因很可能并非某种单一的因素，而是由上述各种因素综合导致的。在分析和处理儿童的广泛性焦虑症时，需要将各种因素进行综合性的考虑。

 **心灵寄语**

诚惶诚恐地害怕失误，就意味着永远尝不到成功的滋味。

——赫尔巴特

受苦是考验，是磨炼，是咬紧牙关挖掉自己心灵上的污点。

——巴金

焦虑是通行无阻的交易工具，无论上面写了什么观念内容，只要被压抑了，任何情感冲动都会被转化成焦虑。

——弗洛伊德

克服广泛性焦虑症的方法

对于患有广泛性焦虑症的儿童来说，身边的一切似乎都能成为焦虑的来源，这难免让人觉得想要克服它十分困难，可是只要掌握一些技巧，广泛性焦虑症并非不可战胜。

广泛性焦虑症和其他的焦虑症状有很大的不同，因为它的焦虑源头实在过于广泛，很难找到具体的对象。对于患病儿童来说，身边的一切都让他们感觉焦虑，几乎没有任何一种模式能够让他们感觉安全，也就是说，他们几乎时时刻刻都暴露在焦虑因素之中，仿佛只有焦虑才能让他们感觉安全。

想要让孩子克服广泛性焦虑症，需要帮助孩子建立新的思维方式。下面介绍一些已被证实确实有效的方法：

1. 坚定改变的决心

想要克服焦虑，坚定的决心是必不可少的，这个决心不仅儿童要有，家长同样要有，只有向着共同的目标不断前进，才有战胜焦虑的可能。如果一直犹豫不决，或是"三天打鱼，两天晒网"，那么焦虑就永远会是挥之不去的噩梦。

2. 挑战固有的思维模式

患有广泛性焦虑症的儿童，其焦虑往往来自头脑中某些不切实际的想法。通过改变儿童的思维模式，可以帮助他们重新认识身边的一切，这样他们就会知道焦虑并不是时时处处存在的。

3. 给孩子一段随意焦虑的时间

在一天当中，选择一个固定的时间段（不要在睡觉前），让孩子尽情地焦虑，他可以写下自己担心的所有事情，记录下所有的焦虑。这个时间段过去之后，孩子就可以暂时放下焦虑，获得一段宁静、平和的时光。

4. 肯定孩子的情绪

患有广泛性焦虑症的儿童，往往无法接受自己的情绪波动，觉得所有的事情都会出现偏差。如果能让他们明白，每一种情绪都有其存在的意义，所有的人都会有情绪的变化，那么对他们重新认识自我会有很大的帮助。

5. 接受有些事情无法掌控的事实

告诉孩子任何人都无法掌控所有的事情，这是个不争的事实。当一些事情超出控制范围时，尽量不要理会，应学会接受眼前的事实，这样会减少很多焦虑情绪。

6. 接受不确定性

不确定性是未知事情的一个显著特点，这恰恰也是未知事情的魅力所在。倘若所有的事情都按照既定的轨迹发展，那么生活就缺少了很多亮点和惊喜。让儿童认识到"不确定性"是生活的组成部分，可能会减少他们的焦虑感。

7. 尽量减少冲动

头脑冷静的时候都知道冲动不好，可是一旦冲动起来，往往会不管不顾，最后的结果就是伤人又伤己，这会给自己带来更多的焦虑。因此，父母要告诉孩子在冲动之前试着冷静几秒钟，这样焦虑就会减少一些。

8. 想象最糟糕的情况

告诉孩子在焦虑症爆发的时候，不妨试着去想象最糟糕的情况。当最糟糕的情况都已经在预想之中的时候，其他的问题反而显得不那么严重了，焦虑的症状自然也就会得到缓解。

9. 越想逃避越去做

面对焦虑的情况，很多患有广泛性焦虑症的儿童的第一反应都是逃避。可是对于他们来说，几乎没有不让他们感觉焦虑的事情，也就是说，他们几乎无处可逃。而且，越是逃避，焦虑的情绪就会越多。因此，父母要教孩子学会直面焦虑，越是想逃避的事情，就越要去做，这才是战胜焦虑的不二法门。

实践证明，上述每一种方法都能产生相应的效果。如果将各种方法综合起来，并根据患病儿童的实际情况加以运用，相信可以起到更好的效果。

 **心灵寄语**

人生有两出悲剧：一出是万念俱灰，另一出是踌躇满志。

——萧伯纳

许多人都多少带着一点绝望生活，少数人才经由绝望达成精神上的自我。

——克尔恺郭尔

未来有两种前景：一种是畏畏缩缩的，一种是充满理想的。上帝赋予人自由的意志，让他可以自行选择。您的未来就看您自己了。

——大仲马

改变之旅：杞人忧天的冬冬

在冬冬看来，身边的每一件事都让他无法放心，这让他整天唉声叹气、愁眉不展。

冬冬之所以总觉得身边的人对他心怀不满，并不是因为他做了什么错事或是得罪了什么人，而是这种想法一直都在他的脑海中，无时无刻不在提醒他提防所有可能发生的坏事。这让冬冬的精神变得高度紧张，他甚至觉得自己已经变得神经兮兮的了。冬冬对自己的状态很不满意，他不知道自己为什么会有那么多害怕的想法，更无法理解自己的焦虑为什么会源源不断地冒出来。

一天，冬冬正走在上学的路上。突然间，他觉得天好像要塌下来，地好像要陷下去，于是，他拼命地跑回家里。妈妈看到他的样子，急忙问他出了什么事。冬冬捂着脑袋，惊慌地对妈妈说出了自己的忧虑。

妈妈笑了笑，对冬冬说："我给你讲个'杞人忧天'的故事好不好？"

冬冬疑惑地说："这是什么故事啊？好吧，讲给我听听。"

妈妈讲道："在中国古代，有一个国家叫作杞国。杞国有个人总是担心天会塌下来，地会陷下去，那样自己就无处安身了，于是整天吃不下饭，睡不着觉。另外一个人觉得他这样下去不行，于是去开导他说：'天只是气体集聚在一起形成的，世界上任何一个地方都有气体。你每天都生活在空气中，应该知道气体始终都在，为什么还要担心天会塌下来呢？'那个担心天塌地陷的人说：'就算天不会塌下来，你能保证日、月、星、辰不会掉下来吗？'开导他的人说：'日、月、星、辰不过是空气中会发光的东西，就算掉下来了，也不会造成什么损害'。那个担心天塌地陷的人又说：'如果地陷下去了怎么办呢？'开导他的人说：'地只是堆积在一起的土块而已，到处都是，你每天在地上跳跃、舞蹈，也没见地有什么变化，这有什么好担心的呢？'听了这些话，那个担心天塌地陷的杞国人才放下心来，终于不再'杞人忧天'了。"

听妈妈讲完故事，冬冬眼中泛出了一些光芒，他说："妈妈，这么说我并不是第一个担心天要塌、地要陷的人了？"

妈妈回道："当然不是了，很早以前就有人担心这种情况，可是天和地到现在不是还好好的？放心吧，不会出现你想象的那种情况的。"

这一下，冬冬的心情总算放松下来，他不再自己吓唬自己了。

"当然，"妈妈摸着冬冬的头说，"由于古代人的知识有限，所以故事中的很多见解是错误的，并没有科学依据。我给你讲这个故事，只是想告诉你多余的担忧是没有用的，希望你能认识到这一点。"

冬冬看着妈妈，使劲地点了点头。

从妈妈讲的故事中，冬冬知道了自己的忧虑并非特例，这让他对自己产生了认同感，这对于他认识自我、改变自我，都有十分积极的意义。

 **心灵寄语**

一切痛苦都能够毁灭人，然而受苦的人也能把痛苦消灭！

——拜伦

忧愁、顾虑和悲观，可以使人得病；积极、愉快、坚强的意志和乐观的情绪，可以战胜疾病，更可以使人强壮和长寿。

——巴甫洛夫

第八章　创伤后应激障碍：忧心坏事再次降临

　　一旦儿童遭遇了创伤性的事件，他们就可能患上创伤后应激障碍。这些创伤性的事件有可能威胁儿童的生命，甚至导致儿童死亡。这种经历使得患病儿童变得恐惧、惊慌和无助，他们会做噩梦、神经紧张、难以集中精神等。对于可能引发创伤回忆的所有事情，他们都会极力避免，唯恐坏事再次降临到自己身上。

创伤带来了应激障碍

遭受巨大的创伤之后，儿童的心理会受到极大的摧残，如果不及时进行疏导，他们就会长期生活在创伤的阴影里，这对他们的一生都将产生消极的影响。

创伤后应激障碍是在遭遇创伤性事件之后形成的一种焦虑症，与之相伴的典型情绪有：极度的恐惧、惊慌、厌恶及无助等。对于儿童来说，这是一种非常糟糕的体验，因为创伤的阴影总会在某个不经意的瞬间侵扰儿童的心。

引发创伤后应激障碍的有可能是一场差点夺去儿童生命的火灾、地震，有可能是一次令儿童不堪回首的家庭暴力，也有可能是一场让儿童伤心欲绝的亲人的葬礼。无论是哪一种创伤，它都会在很长一段时间里困扰着儿童，让儿童变得脆弱而敏感。

壮壮三岁的时候，他的亲生父亲便不幸去世。这件事给壮壮带来了很大的伤害，在相当长的一段时间里，他都不愿意和别人说话，每天只是一个人静静地坐在自己的床上，看着窗外发呆。有时候，他会突然哭起来，妈妈问他原因，他的回答永远都是"我想爸爸"。

壮壮的妈妈心疼壮壮，决定再婚。她想给壮壮一个完整的家庭，让他能够享受父爱。再婚不久的那段日子是幸福而快乐的，但是在壮壮的妈妈将"不想再生孩子"的想法告诉给丈夫，也就是壮壮的继父之后，所有的一切都变得面目全非了。

继父将壮壮的妈妈不想再生孩子的原因归咎到壮壮头上，因此对他不再像之前那样疼爱。只要他稍微犯点错误，继父就会对他破口大骂。为了维护妈妈的幸福，壮壮什么都没跟妈妈说，每天都装出一副和继父相处融洽的样子。见到父子两个关系如此和睦，妈妈感觉十分欢喜和欣慰。

然而，壮壮的良苦用心不仅没有被继父理解，反而令继父变本加厉，开始对他拳打脚踢。壮壮努力忍受着继父的折磨，外表装作没事，内心却已经充满了恐惧。一段时间之后，壮壮只要一听到继父的脚步声，便会急忙躲到床底下。如果继父心情好些，就能躲过一次殴打；倘若继父心情不佳，那么等待他的便是一次更加凶狠的暴打。

壮壮的精神状态越来越差，他几乎每天晚上都会做噩梦。很多次，他早上醒来的时候都是蜷缩在床底。至于他是什么时候、怎样到床底下去的，他自己也说不清楚。

妈妈发现了壮壮的异样，便问他是怎么回事。壮壮开始并不想说，但是在妈妈的再三追问下，他终于将自己的遭遇和盘托出。

后来，尽管壮壮的妈妈已经和继父离婚，但是壮壮依然会在睡梦中惊醒，依然会在某个早晨从床底爬出来。

壮壮受到了继父的虐待，这给他幼小的心灵蒙上了一层重重的阴影。他总是躲在床下，想要躲开继父的殴打，但是结果并不总能如他所愿。这种创伤让他变得焦虑，精神越来越紧张，而且时常做噩梦。即便已经离开继父，他的症状也不会在短时间内消失。

时间并不能治愈所有的伤痛，如果有人指望用时间去弥合患有创伤后应激障碍症的儿童的创伤，那就大错特错了。对于所有经受过创伤的儿童来说，真正的伤口并不在他们的身体上，而是在他们的心灵中。那些我们无法看到的伤痛，更应该引起我们的重视，如果不能正确地治疗这些伤痛，那这些儿童注定要痛苦一生。

心灵寄语

爱能使伟大的灵魂变得更伟大。

——席勒

心理问题乃是生物性、个人性以及历史社会性三种因素的三种辩证运动

方式所形成的。

——罗洛·梅

创伤后应激障碍的典型表现

遭受创伤之后，儿童的某些表现会发生一些变化，观察这些典型的表现，有助于了解儿童的心理状态，可以为减轻创伤后应激障碍提供一些有益的参考。

遭受创伤事件之后，每个儿童的反应都是不尽相同的。但是有一点可以肯定，那就是在行为举止和情绪方面，所有的儿童都会发生明显的改变。即便是那些年龄很小的孩子，或许无法通过语言来表达自己的恐惧，但是他们的身体语言同样能够传达各自的心理状态。

在受到创伤之后，儿童的某些表现会与之前有很大的不同，或是出现一些之前从未有过的表现，这些表现是创伤后应激障碍的外在体现，应该引起我们的注意。

1. 重复体验创伤事件

在人类的潜意识中，只有一件事情彻底完结，才算得上完美。如果半途而废，我们就会不由自主地去想这件事情，结果就是我们会不断地受到它的侵扰，始终不得安宁。创伤事件就是一件没有"完结"的事情，它在某些时候可能会被掩盖起来，但是一旦受到刺激，那些痛苦的回忆就会重新浮现，令人产生焦虑的情绪。

杰克最近常常被噩梦惊醒，在梦中，他的祖父总是追着打他。他不知道为什么会做这样的梦，也不知道自己究竟做了什么事情让祖父如此生气。

杰克本不想深究，可是噩梦让他寝食难安。他试着回忆那段时光，终于慢慢将所有的事情复原。其实事情的起因很简单，当时杰克与很多兄弟姐妹都在祖父家里生活，而杰克是最调皮捣蛋的那一个，祖父为了震慑大家，所以总是追着杰克打。

回忆起所有的事情之后，杰克不再感觉焦虑，尽管那时被打了很多次，可是现在回想起来，那时的时光也是那么幸福和美好。

虽然挨打的经历已经过去很久，但是创伤并没有随着时间的流逝而愈合。当一些片段不断地在脑海中闪回的时候，那种"不完整"的感觉让杰克产生了焦虑，而在他回忆起所有的事情之后，画面终于变得完整，杰克的焦虑也就消失了。

2. 总是回避某些事物或场景

儿童经历创伤之后，往往会极力回避那些让他们能够回想起创伤时间的环境、人物等，这是他们避免再次遭受伤害的预防措施。假如发现儿童对某些事物或场景充满了恐惧，想要尽力回避，那就应该考虑儿童是不是产生了创伤后应激障碍。

一年夏天，娜娜和爸爸妈妈一起出去旅游。当他们在海边欣赏美景的时候，爸爸突然发现有个人在海中一起一伏，时刻有溺水而亡的危险，爸爸赶忙下海救人，结果，那个溺水的人被救上了岸，娜娜的爸爸却献出了宝贵的生命。从此之后，娜娜对水充满了恐惧，最严重的时候，她甚至连脸都不敢洗。

娜娜目睹了爸爸的溺亡，这让她遭受了巨大的创伤，一看到水，她就会想到爸爸死去的样子，所以她会努力回避所有与水有关的东西。

3. 警觉性有所提高

创伤性事件给儿童带来的影响是多方面的，会让他们变得紧张、多虑、警觉性更强。创伤给儿童带来了不适的体验，他们不仅不想回想曾经发生的事，还会想方设法地避免再次发生同样的事情，这就使得他们提高了警觉性，在某些时候，甚至会给人一种草木皆兵的感觉。

小学三年级的时候，明明总是被几个高年级的同学欺负，他们总是向他要钱，不给就是一顿拳打脚踢。明明很害怕，可又不敢跟家长说，他害怕跟家长说了之后会遭到那几个同学更加严厉的报复。就这样，明明一直隐忍着。

细心的妈妈发现了明明的一些变化：他开始变得小心翼翼，而且越来越敏感，以前他很喜欢交朋友，但是现在不愿意和别人交往，尤其是比他大的孩子，他更是离得远远的，很多时候，他宁可一个人待在家里。

明明受到了同学的欺凌，这让他对那些比他大的孩子产生了更多的警惕性，因为他们会让他感觉不安。明明觉得无法战胜那些年龄比自己大的孩子，只好用躲在家里的方式来逃避可能遭受的创伤。

创伤对儿童造成的伤害是多方位的，除了身体方面的伤害，更严重的伤害其实在他们心里。有时候，他们并不愿意表达，可是不表达并不代表真的没事。在与儿童相处的过程中，多观察他们的表现，往往可以从中看出一丝端倪，这将有助于我们了解儿童的真实状态。

 **心灵寄语**

家庭不单是身体的住所，也是心灵的寄托处。

——里耶

儿童都有一种天真的想法，把自己当作宇宙的中心。

——罗曼·罗兰

爱别人，也被别人爱，这就是一切，这就是宇宙的法则。为了爱，我们才存在。有爱慰藉的人，无惧于任何事物、任何人。

——彭沙尔

创伤后应激障碍产生的影响

创伤后应激障碍给儿童造成的影响是多方面且消极的，如果仅仅关注儿童遭受创伤后在某方面的表现，显然无法全面了解创伤给儿童造成的巨大伤害。

遭受创伤之后，儿童的心理不可避免地会发生一定程度的变化。当儿童出现创伤后应激障碍的问题时，家长必须及时进行疏导，如果任由这个问题不断变大，儿童的情况将会令人担忧。

创伤后应激障碍会对儿童产生诸多影响，具体表现如下：

1. 对自己的状态关注更多

那些患有创伤后应激障碍症的儿童，往往会更加关注自己的状态，其中包括身体感觉、焦虑情况等，而且，他们常常会对自己的状态做出负面的评价。

2. 无力处理令人不快的印象、想法等

为了减少回忆创伤画面所带来的痛苦，儿童会尽力回避与创伤有关的人、物或场景。但是如果当时的某些片段过于深入人心，给儿童造成的伤害过于巨大，即便儿童想将它们掩盖起来，它们也仍然会不时地出现在脑海中。这样一来，患有创伤后应激障碍症的儿童往往只能回忆起部分画面，这种缺失会让儿童感到不安全，进而引发焦虑。

3. 想要控制记忆，停止回忆

关于创伤的回忆十分痛苦，以至于患有创伤后应激障碍症的儿童都不愿意重温那个痛苦的画面。可是记忆并不是那么容易控制的，因为创伤的画面实在过于鲜明，很难用其他的记忆将其掩盖。即便暂时控制了记忆，在今后的某个时间，关于创伤的记忆又会卷土重来。

4. 焦虑水平升高

这是创伤后应激障碍症的主要特点之一。由于患有创伤后应激障碍症的儿童担心自己的状态及外界可能存在的危险，他们的焦虑水平自然有所提升。可是，患有创伤后应激障碍症的儿童并未将焦虑视作危险，而是认为焦虑的出现正好可以帮助他们提高警惕，对于应对潜在危险是一件好事。

5. 总体观念往往有重大改变

患有创伤后应激障碍症的儿童，他们的总体观念往往会有重大的改变。这些改变不单单与他们对自身安全的认知有关，还涉及他们的人生观、价值观。就像某些心理学家说的那样，创伤后应激障碍往往与信念的崩塌紧密联系在一起，一些固有的观念会随着儿童精神状态的改变而发生一些变化。

综上所述，创伤后应激障碍对患病儿童产生的影响是很多的，儿童因此而发生的变化也是有目共睹的。了解和研究这些影响和变化，对于帮助儿童摆脱创伤后应激障碍具有十分积极的意义。

心灵寄语

多和朋友交游无疑是医治心病的良方。

——泰戈尔

一个人的意志力量不够推动他自己，他就会失败，谁最能推动自己，谁就最先得到成功。

——罗兰

用不着操心去装门面，不必苦心焦虑去钩心斗角，也不必为了妒忌别人和患得患失而烦恼。

——马克·吐温

寻求专业帮助，治疗创伤后应激障碍

在治疗创伤后应激障碍的过程中，专业性的建议当然必不可少，而家长也在其中扮演着重要的角色，家长不仅是医生的助手，还是儿童的支柱力量。

假如儿童的应激障碍已经影响了他们的身体机能或是让他们十分明显地感到痛苦，就应该向专业人士请教，进行专业性的治疗。毕竟，创伤后应激障碍是一种十分复杂的症状，如果仅仅依靠个人的经验去自行摸索，其结果是十分危险的。

总体而言，治疗心理创伤的目标总共有三个：

（1）症状本身会让儿童感到恐惧和疑惑，要在儿童能够接受的范围内，帮助他们对这些症状产生正确的认识，这样能减轻他们的焦虑。

（2）当能够引发创伤回忆再现的场景出现时，要让儿童懂得呼吸和放松的技巧，这样可以减轻他们的痛苦。

（3）儿童的创伤回忆往往是碎片式的，要帮助他们将零碎的片段转化为完整的故事，这样可以帮助儿童对自己的过往有一个清晰的认识，即便回忆并不美好，至少人生是完整的。

威廉十岁那年，曾经遭遇一场严重的车祸，不仅右腿被截肢，他的心灵也遭受了极大的打击。

那场车祸之后，威廉对汽车便退避三舍，他不敢坐汽车，也不敢走在马路上，只要看到汽车，他的脑袋就像要爆炸一样，这种感觉让他痛苦万分。

妈妈十分担心威廉，但是又不知道应该怎样帮助他。万般无奈之下，妈妈只好去咨询心理医生，心理医生给出了一些建议，让妈妈照着去做。

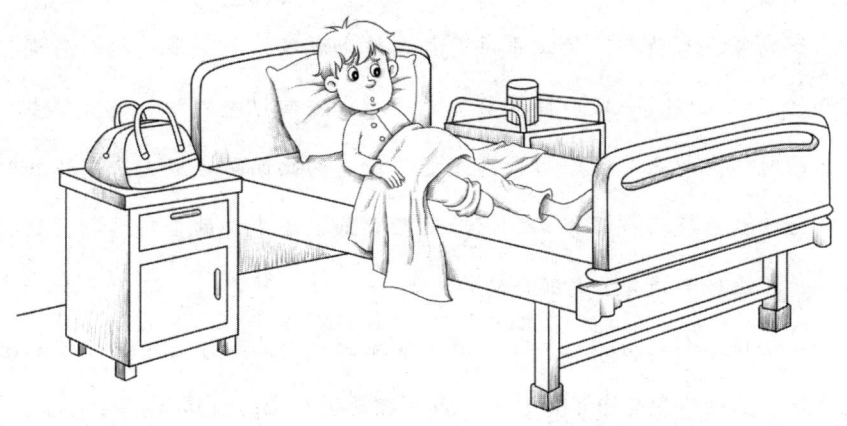

回家之后，妈妈告诉威廉："医生说了，你的这种表现和焦虑都是正常的，毕竟你经历过生死攸关的时刻，那种记忆是很难从头脑中清除出去的。大脑之所以不断地重复那些画面，是希望能时刻保持警惕，以免再次发生悲剧。只不过这种警惕可能有些过头，所以你会感觉恐惧和焦虑。你可以尽量去回忆事件发生的整个过程，一旦能够回想起所有的细节，你就会发现，可怕的回忆只是曾经发生的事情，它并不会对现在的你造成什么实际的伤害，而且可怕的事情也不一定就会再次发生。"

威廉有些疑惑："只是闪过一下就很恐怖了，如果全部回想起来，那不是更可怕吗？"

妈妈说："在回忆的时候，你要放松心态，紧张的时候，试着深呼吸，这会对你有帮助。"

威廉将信将疑地去尝试回忆，但是最初一段时间，他根本没法坚持太长时间，只要一想到当时的场景，他就感觉无法呼吸，更不要说深呼吸了。

妈妈并没有放弃，她几乎每天都在鼓励威廉，与威廉一起面对那些可怕的回忆。经过一段时间的努力之后，威廉回忆起的细节越来越多，坚持的时间也越来越长，当他终于能将所有的画面融合成一个整体的时候，他的焦虑反而少了很多。因为他至少知道了事件的全部过程，这种确定性让他对车祸有了更加全面的认识。

在坚持不懈的努力之后，威廉又能坐上汽车出门了，尽管他依然感觉紧张，但他毕竟迈出了伟大的一步，翻开了人生的新篇章。

威廉的创伤后应激障碍已经影响到他的正常生活，必须通过专业的手段进行干预。经过辅导和治疗之后，最终的结果是令人欣慰的。

在治疗创伤后应激障碍的过程中，家长不仅是医生的助手和实施者，更是儿童的忠实伙伴和良好榜样。无论儿童做出多么令人难以接受的事情，家长都应该怀着理解和支持的心态，始终和儿童站在一起。

 **心灵寄语**

希望被人爱的人，首先要爱别人，同时要使自己可爱。

——富兰克林

过分冷静的思考缺乏感情的冲动，也必然使人的心理变态。

——瓦西列夫

儿童幼小的心灵是非常细嫩的器官，冷酷的开端会把他们的心灵扭曲成奇形怪状。一颗受了伤的儿童的心会萎缩成这样：一辈子都像桃核一样坚硬，一样布满深沟。

——卡森·麦卡勒斯

改变之旅：抚平伤痕的军军

在军军9岁的时候，他经历了一件不同寻常的事情。

那是一个周末，他和妈妈一起去看一场舞蹈表演。表演进行到一半的时候，第二排座位上的一个人突然失控，像疯了似的大喊大叫，而且拼命地攻击他身边的人。看到这一幕，军军吓坏了，他急忙站起身来，以最快的速度跑出了剧场。

尽管军军的妈妈也被吓坏了，但是她没有时间去害怕，因为她更关心的是军军的状况。妈妈紧跟着军军跑出了剧场，发现他依然处于惊恐的状态，他不停地哭泣，无论谁劝都没法让他停下来。

后来，警车和救护车都来了。医生将伤者送往医院，警察则将攻击者带上了警车。事后证实，那个攻击者患有间歇性精神病，那天只是突然发作而已。

虽然只是一个偶然事件，但军军从此对人多的地方充满了恐惧，无论是电影院还是剧场，甚至是学校的集会，都让军军感觉痛苦异常。不要说亲身参与其中，他只要想象一下这些场景，立刻就会想到那个精神病患者所做的事情，总觉得有人会突然伤害他。就算是家庭聚会，他也会保持高度的紧张。他总是不安地观察身边的每一个人，想找出那个可能攻击他的人；一旦发现身边的人有什么动作，他马上就会躲到一边；假如突然有什么东西掉到地上，发出巨大的响声，他立刻就变得惊慌失措。军军时刻处于高度戒备的状态，每一个普通的聚会都会被他想象成有生命之虞的危险场合。

创伤事件发生三年之后，军军依然没能从阴影中走出来，他仍然能够清楚地记得事件的每一个细节：剧场的布置，攻击者的相貌，舞蹈表演到哪里，剧场里人们的喊叫声，等等。他越来越明显地感觉到这件事情对自己的影响，似乎这种影响不仅没有随着时间的推移而减弱，反而越来越强了。他想改变，但是又不知道该怎么做。

对于军军的情况，心理医生这样解释："军军经历过的创伤事件在他的头脑中形成了深刻的印象，这一印象将一般的信息掩盖起来，影响了记忆的处理功能，以至于军军总能在某些时候回想起创伤事件，进而引发了他的焦虑。"

针对这种情况，心理医生试着引导军军学会放松，让他进入一种感觉比较舒适和安全的状态中。接着，为军军创建一个虚拟的空间，让他在这个空间中与人接触，逐渐减弱对其他人的警惕性和排斥感。当他亲身感受到并没有人想要伤害自己时，他的警惕心有了很大的改善。在这之后，医生协助他对各种场合进行分类、分级，按照他能够承受的场景，由低级到高级逐一进行适应和挑战。经过一段时间的练习后，军军逐渐适应了各种场合，终于不再被"可能存在的威胁"困扰了。

有一天，军军决定接受朋友的邀请，去剧场看朋友的一场演出。这对军军来说是一个极大的挑战，但是他愿意接受挑战。尽管他知道自己仍然会感觉害怕，但是他相信自己可以克服。当军军走进剧场，并且坐在座位上观看演出的时候，他已经通过自己的努力抚平了创伤。

 心灵寄语

爱是自然而来的，不是买得到的。

——朗费罗

家是世界上唯一隐藏人类缺点与失败的地方，它同时也蕴藏着甜蜜的爱。

——萧伯纳

儿童的时间应当安排满种种吸引人的活动，做到既能发展他的思维，丰富他的知识和能力，同时又不损害童年时代的兴趣。

——苏霍姆林斯基

第九章　恐慌症：突然袭来的焦虑

　　患有恐慌症的儿童通常会遭受突发性的折磨，因为恐慌的发作没有任何确定性。当恐慌发作的时候，焦虑的症状会在瞬间爆发，并在随后的几分钟里达到高峰。恐慌症发作的时候，儿童会产生虚幻的感觉，认为自己将要晕倒甚至死亡。即便知道这只是虚惊一场，他们仍会觉得自身存在问题，并迫切希望立刻逃离令他们感觉恐慌的情境。

恐慌发作时的感受

对于儿童来说，恐慌发作是一种十分痛苦的体验。他们会在突然之间遭受恐慌的袭击，而且要体验紧张、焦虑、无助等各种痛苦的感受。在恐慌发作时，他们能做的唯一一件事情似乎就是逃避。

从某种意义上说，恐慌症是最难掌控的焦虑症之一，这是因为它并没有可以避免的可能引发恐慌的特定情境，而且随时随地都有受到惊吓的可能。对于很多家长来说，恐慌症是一种十分难以理解的焦虑症状，不单单因为令儿童受到惊吓的可能性多种多样，还因为它常常在儿童十分平静的时候发作。

恐慌症发作的时候，儿童的状态可以用歇斯底里来形容，他们拒绝到任何地方去，因为他们觉得可能会遇到引发恐慌的对象。在这个时候，他们除了恐惧之外，什么事情都做不了，最大的愿望就是赶紧回家，哪怕在外面多待一秒钟，他们都觉得快要死了一样。

特里是一名五年级的学生，他刚刚从之前的学校转学到现在的这所学校。在他第一次参加学校活动时，他就感觉到前所未有的恐慌。当时，他正站在学校的广场上，这里的学生人数是他之前学校的五六倍，可是这么多人里，他竟然只认识七八个。

"这真是太可怕了。"特里自言自语道，"我怎么认识得了这么多人？"

于是，当他在人群中穿来穿去的时候，他越发感觉恐慌，以至于最后只能坐在地上。

老师问他："你怎么了，特里？"

特里回答："我也不知道，我只是突然感觉浑身无力，头昏眼花。"

莫名其妙地，特里的恐慌就发作了，而在此之前，一切都很正常。恐慌总是给人一种难以捉摸的感觉，事实也的确如此：恐慌总会在不知不觉间发作，也许前一秒还精神抖擞，下一秒却立刻变得浑身乏力。

恐慌发作没有规律可言，它可以被看作精神系统在进行自我训练，所模拟的是攻击模式。其原理就像人在遭受攻击时的反应一样，人的大脑会做出防御的准备并产生恐惧的感觉。虽然攻击并没有真的发生，但是会让人产生眩晕、焦虑等症状。这是一种自我保护措施，意在保护个体不受外界侵害。

问题在于，当做出这一系列反应的时候，大脑及身体并没有告知儿童这只是一种测试和预防机制。如果儿童了解精神系统所做的一切的目的，他就会对自己的身体症状重新做出判断，也就不会被其吓到了。

正是这种对身体信号的"误读"，儿童产生了更加不适的感受，他们觉得事情正向着不好的方向发展，因而变得更加焦虑、烦躁。于是，他们的判断出现了更大的偏差，这进一步加剧了恐慌，使儿童陷入了比之前更糟的境地。

在这种恶性循环中，各种不良的情绪可能会一拥而上，让儿童感觉难以招架。在这个时候，他们能做的事情只有承受折磨或是不断逃避。

 **心灵寄语**

真正的管理人是去管理人的情绪。

——顾修全

能控制好自己情绪的人，比能拿下一座城池的将军更伟大。

——拿破仑

我们整个心理活动似乎都是在下决心去求取欢乐，避免痛苦，而且自动地受唯乐原则的调节。

——弗洛伊德

初次惊恐发作

初次惊恐发作对儿童的伤害是很大的，因为惊恐发作时没有丝毫预兆，没有给儿童准备的时间，而且，儿童对于应付惊恐没有丝毫的经验，这就让他们陷入了十分被动的境地。

惊恐发作的不确定性太强，所以很难有什么模式能够预测初次惊恐发作会在什么时候、什么地点。但是相关的研究表明，假如儿童在近期内曾经遭受了重大的打击或威胁，那么其惊恐发作的可能性就会增加很多。

对于儿童来说，重大疾病、亲人离世、成绩下滑等因素，都是对其某种程度上的打击，一旦发生类似的事情，便会让儿童变得焦虑不堪。在这种情况下，儿童会担心惊恐可能在某个时刻突然发作，而担心加重了儿童的心理负担，这会让他们的情绪越来越糟。在这种状态下，惊恐发作的概率自然会有所提高。

在很多案例里，我们并没有办法确定惊恐发作的诱因，它的出现似乎是毫无缘由的，然而其所造成的伤害却是巨大的。

它的莫名其妙和毫无预兆，使得儿童更加不知所措，此时，儿童会将注意力集中到自己的感觉上，而越是在意感觉，便越会误解这种感觉的本质，最终导致的结果，很可能就是惊恐发作。当惊恐真的发作时，儿童几乎已经丧失了行动能力，他们只能被动地接受惊恐带来的无法想象的严重后果。

奈特正在前往图书馆的路上，走着走着，他突然觉得自己的心跳好像加快了很多。

一瞬间，奈特觉得自己不能再走下去了，否则他有可能会因心动过速而死，或者是心脏从胸膛里跳出来。

这种恐怖的感觉让奈特十分难受，他不知道应该如何应对，只好慢慢地在路边的一块石头上坐下来。过了一段时间之后，他感觉似乎好了一些，想继续往前走，可是刚刚站起来，他觉得心跳又加速了，简直让他无法呼吸。

他再一次坐了下去，不敢再站起来。为了以防万一，他只好向路人求助，让他们帮忙打电话给家人，让家人过来接他。

这是奈特第一次感觉如此惊慌，初次惊恐发作简直要把他逼疯甚至逼死，这种痛苦的感受他永远都无法忘记。而且，在此后的生活中，他不止一次地遭受惊恐的折磨，每一次惊恐发作，都让他感觉离死神更近一步。直到在医生的帮助下克服了惊恐，他才感觉自己又能像正常人一样生活了。

　　奈特的初次惊恐发作几乎让他无法动弹，它来得太突然，以至于奈特几乎没有反应的时间。惊恐就是如此不讲道理，而且没有规律，一旦有了初次惊恐，那么就会有第二次、第三次，只有通过专业的治疗，才能彻底摆脱它。

　　初次惊恐发作总会在毫无预兆的情况下发生，并且让儿童体验到一种前所未有的恐慌和焦虑。由于它的不可预测性，使得儿童也没有任何预防手段可用，这恰恰是惊恐的可怕之处。甚至可以说，初次惊恐发作的时候，就是儿童惊恐噩梦的开始。一旦被惊恐缠上，想要摆脱它就需要费一番功夫。

心灵寄语

说出自己的不幸，痛苦便会减轻。

——高乃依

如果做好心理准备，一切准备就都已经完成。

——莎士比亚

成功的秘诀就在于懂得怎样控制痛苦与快乐这股力量，而不为这股力量
所反制。如果你能做到这点，就能掌握住自己的人生；反之，你的人生
就无法掌握。

——安东尼·罗宾斯

克服恐慌的有效手段

恐慌发作是一件十分复杂的事情，想要克服它当然也不是一件容易的事，但是总归有些手段会对克服恐慌产生一些积极的效果，如果善于运用，想必能够起到事半功倍的效果。

患有恐慌症的儿童，总会在某些不可预测的时候被恐慌侵袭，面对这种突如其来的痛苦体验，患病儿童将会遭受常人难以想象的痛苦折磨。

为了让患病儿童摆脱恐慌，重新过上属于自己的、没有焦虑的生活，可以参考以下手段：

（1）帮助儿童认识恐慌的原因，让他们知道他们所认为的绝境并非事实，其实还有很多可以改进的方法，这对排解焦虑具有积极的意义。

（2）告诉儿童，越是不惧怕恐慌，恐慌越是没有那么可怕。很多案例证明，一旦患病儿童意识到恐慌没那么可怕，没有必要恐惧，他们的恐慌程度就会降低。

（3）让患病儿童勇敢地面对那些引起他们恐慌的对象，如果不断地和恐慌对象面对面，就能够在某种程度上减轻他们内心的焦虑。

（4）让儿童学会和自己对话，告诉自己恐慌发作时并不会发生想象中的那些危险，困难仅仅在于恐慌没有那么容易克服罢了。

（5）减少对恐慌对象的感知。刻意淡化恐惧对象对患病儿童造成的影响，会让他们更轻松地面对恐惧对象，焦虑情绪自然就会减少。

（6）放松精神，尽力深呼吸。这个手段对所有焦虑症状基本都有缓解的效果，恐慌自然也不例外。

（7）专注的力量超乎想象。让儿童尽量将注意力集中于恐慌源头之外的事物，这会让儿童没有多余精力去关注恐慌，恐慌的情绪会因此消散很多。

（8）循序渐进地改善恐慌的症状。比如，患病儿童有走路的困难，那么可以根据他们的情况，让他们五米五米或十米十米地前进，直到不再因走路而恐慌为止。

（9）进行适当的体育运动。恐慌的情绪会消耗儿童的很多精力，与其让他们将精力浪费在无谓的恐慌上，倒不如让他们进行一些体育运动，这样既可以锻炼身体，又能舒缓焦虑情绪。

（10）主动出击。既然恐慌会搞"突然袭击"，让儿童措手不及，那么倒不如让儿童学会主动出击，在恐慌出现之前，就做好应对它的工作。打有准备之战，获胜的概率毕竟会大一些。

无论使用哪一种手段，都不能达到百分之百的效果，毕竟恐慌的源头及发作时间都无法确定。我们所能做的，就是帮助儿童以积极的姿态去应对和处理恐慌，心理方面做好了准备，焦虑就会少一些，儿童所遭受的折磨也会相应少一些。

心灵寄语

怒气就像一匹烈性的马，如果由着它的性子，就会使它自己筋疲力尽。

——莎士比亚

不管一个人沉得多深，他可能沉得更深，而这个可能就是恐惧的对象。

——克尔恺郭尔

依我看来，人类的全部文化都是以自卑感为基础的。自卑感本身并不是变态的，它是人类地位增进的原因。

——阿德勒

改变之旅：走出家门的洛洛

洛洛今年10岁，他有严重的恐慌症，用他自己的话说，恐慌是一种令人厌烦的感觉。

洛洛很清楚地记得他的恐慌是从哪一天开始的。那是一个凉爽的秋天，有一天，他和姐姐一起出去散步，突然间，他觉得十分疲惫，身体非常不舒服，想要立刻停下来，可是他的姐姐并没有停下来的意思，而是想接着往前走。洛洛感觉头晕眼花，他很担心情况会变得越来越糟。因此，他急忙让姐姐带他回家，他觉得如果再走下去，自己很可能就死掉了。从那天之后，洛洛就对走路充满了恐惧，他总觉得说不定什么时候，他走着走着就会出现那种令人厌烦的感觉。那种感觉实在太恐怖了，甚至直接威胁他的生命，他可不想再感受一次。

就这样，洛洛开始走路受限。他哪里都不能去，甚至连走到学校都变成了一件万分困难的事情。他的家人感觉很奇怪，他们想不明白，走路这么一件平常的事情，为什么对于洛洛来说竟然变成了痛苦的煎熬。他不能去商场，不能去车站，甚至连走出家门都很困难。

通过学习，洛洛才知道大脑有时会发出一些错误的指令，让他误以为身处危险之中，实际上危险并不存在，这就是导致他恐慌的原因。他知道自己的恐慌一直都在身边，而且恐慌发作的时候他会变得焦虑。正确认识了恐慌之后，洛洛开始试着克服它。

每次想出门的时候，焦虑都会一次又一次地提醒洛洛：走出去会产生令人厌烦的感觉，还是应该在家待着。对于这种心理，洛洛有自己的应对办法。他会深呼吸，试着平静地和自己对话："我想做什么，只有我自己能够决定！我可以走出家门，如果感觉累了或是不舒服，我可以坐下来休息一会；我只不过是出去走走而已，又不是攀登高山，我一定能做到的。"通过放松和对话，洛洛直面自己的焦虑，而且事实证明确实没有什么坏事发生，这更坚定了他改变的决心。

洛洛的巨大进步在一次购物活动中得到了很好的体现。一个周末，妈妈带着洛洛到购物中心买东西，由于人太多，他和妈妈走散了。刚开始的时候，洛洛非常恐慌，他不知道应该做些什么。后来，他想到妈妈说过，如果和妈妈走散了，应该到服务中心去，让那里的阿姨用广播找妈妈。虽然想到了办法，可是从自己所在的地方到服务中心，这段路是个不小的挑战。

洛洛将每一家店都当作自己的小目标，从第一家店走到第二家店，从第二家店走到第三家店……最终走到了服务中心。在他完成第一个目标的过程中，他发现虽然头脑中还有令人厌烦的感觉，可是身体并没有什么异常反应，这样一来，他更加确定头脑中的情景只是恐慌制造出的假象而已。他一个接一个地完成自己的小目标，最终通过广播找到了自己的妈妈。

对于洛洛来说，在购物中心的这次行动无疑是成功的，不仅找到了自己的妈妈，也克服了头脑中的障碍。实际上，洛洛的妈妈一直在人群中关注着洛洛，所谓的"走散"，只是妈妈故意设置的情境而已。家长帮助儿童克服恐慌症，不仅需要给他们讲理论，还需要在适当的时候为他们创设一些情境，让他们亲身体验克服恐慌的成就感，这会给他们带来更多的信心和动力。

 **心灵寄语**

自卑虽与骄傲对立，实际却与骄傲最为接近。

——斯宾诺莎

如果能左右自己的思想，就能够控制自己的情感。

——克莱门特·斯通

人的感情和行为千差万别，正如在鹰钩鼻子与塌鼻子之间，还可能有各式各样的鼻子。

——歌德

第十章　失眠：儿童也有睡眠焦虑

　　相信很多家长都听孩子说过类似这样一句话："我就是睡不着。"最初听到这句话的时候，有些家长可能会觉得孩子是在故意捣乱，他们只是在为不睡觉找借口而已。事实真的如此吗？答案当然是否定的！对于失眠的儿童来说，焦虑才是他们无法入睡的原因所在，他们并不是不想睡，只是被焦虑折磨得无法入睡而已。

睡眠与焦虑之间的关系

睡眠对于儿童的意义毋庸赘言，但是很多人并没对儿童的失眠状况予以足够的重视。在某些情况下，儿童失眠很可能是焦虑引起的，探究睡眠与焦虑之间的关系，对于治疗儿童失眠具有一定的意义。

睡眠与焦虑之间有什么关系？无论是谁，假如他一整夜都睁着眼睛，无法入睡，那么这个夜晚对他来说绝对是一种煎熬。当看着墙上钟表的指针一分一秒地走过时，他的焦虑也会不断地增加。由此不难看出，睡眠和焦虑就像一对冤家，总是针锋相对。从这个角度上说，两者之间确实有着密不可分的关系。

睡眠让时间安静地流逝，焦虑则能让人产生时间静止的感觉。它们之间的对抗，是任何一个人都无法忽视的真实存在。只有和平而正确地解决两者之间的矛盾，我们才能获得良好的睡眠及美好的生活。

门迪就要在学校寄宿了。关于寄宿这件事，他的爸爸妈妈考虑了很久，因为他们并不想让门迪孤零零地在学校生活，可是夫妻二人的工作都很忙，根本无法抽出太多的时间去照顾门迪。更重要的是，寄宿在学校可以让门迪更加安心地学习。于是，在和门迪商议之后，他们最终决定让门迪寄宿在学校。

没想到，在临开学的前几天，门迪忽然因为恐惧而无法入睡，即便白天的活动很多、很劳累，他还是会一整晚一整晚地睡不着觉。爸爸妈妈都很担心，门迪则说他不想再去上学，因为每天失眠会把他杀死的。

医生认为，门迪的失眠与他内心的恐惧有极大的关系。一想到要一个人在一个陌生的环境中生活，门迪就会有些害怕，而且感觉手足无措，他的焦虑便由此而来。医生建议门迪在睡觉之前听一些比较轻松的音乐，放松一下紧张的大脑，这将有助于入眠。

经过一段时间的适应和调整之后，门迪焦虑的状况有了很大的改善，他又能够每晚安然入睡了。

门迪内心的恐惧让他充满焦虑，这种情绪让他的大脑无法得到休息，因此出现了失眠的情况。当他听从医生的建议，逐渐摆脱焦虑的时候，失眠也同时离他而去。

睡眠是为了休息，焦虑却让大脑保持运转，两者是一对矛盾体。在夜深人静、孤身一人的时候，儿童更容易对身边的一切产生怀疑，任何一个微小的东西或声音，都可能让他们的神经变得更加紧绷。在那样的环境中，他们的焦虑会成倍地增加，刺激大脑进行更加激烈的活动，入睡便成了一种奢望。

对于任何人来说，失眠都是一种痛苦的经历，对于那些因焦虑而失眠的儿童而言，这种痛苦尤甚。在儿童焦虑失眠的时候，家长应该及时进行安抚，让儿童知道他并非孤身一人在对抗焦虑。另外，还应该为儿童创造良好的睡眠条件，如舒适的床、适度的光等，以便能让儿童更顺利地入睡。当然，家长所做的一切都应该有一个共同的目的，那就是消除焦虑，只要儿童不再焦虑，失眠就不会成为困扰儿童的问题。

 心灵寄语

心情愉快是肉体和精神上的最佳卫生法。

——乔治桑

悲观的人虽生犹死，乐观的人永生不老。

——拜伦

儿童睡眠焦虑的表现

睡眠焦虑似乎比其他的焦虑类型更加难以把握，许多家长往往分辨不出儿童是在无理取闹还是受到了焦虑的困扰。了解一些睡眠焦虑的具体表现，会对判断儿童的状态大有帮助。

从某种程度上说，睡眠焦虑比白天的焦虑更多，对儿童造成的伤害也更大。这是因为，晚上的自由空间更大，可以用来分散注意力的东西更少，相对而言，对焦虑关注得更多，焦虑的程度也就随之提高。

如果儿童迟迟难以入睡，甚至出现失眠的情况，或许他们就是受到了焦虑的影响，具体的表现有如下几种：

1. 总觉得房间里藏着怪兽

儿童对怪兽、恶魔之类的说法缺乏判断力，他们会将故事中的那些怪兽当作生活中的现实存在。在睡觉之前，他们总会担心怪兽藏在房间的某个角落里，说不定什么时候就会出来攻击自己。所以，他们宁可睁大眼睛，也不愿意上床睡觉。

2. 怕黑

儿童怕黑是一种十分常见的现象，因为黑暗会带给他们一种未知的恐惧感，他们很担心黑暗中隐藏的东西会对自身造成伤害。所以，很多儿童更愿意开着灯睡觉，灯光会给他们安全感。

3. 不敢独自睡觉

很多儿童喜欢和家长一起睡觉，甚至有些儿童到了10多岁还是没法独自睡觉，一旦让他们自己睡觉，他们就感觉无法入睡，要不了多长时间就会去找家长，希望和家长睡在一起。

4. 无法放松

但凡受到焦虑侵扰的儿童，基本都有紧张的表现，区别只是紧张的程度有所不同。当一个儿童莫名地紧张，并且根本无法放松时，他或许正处于焦虑之中。

5. 不愿上床

有些孩子对上床睡觉有种难以言说的恐惧，每当家长让他们上床睡觉时，他们总会找各种各样的借口推托。对于不愿上床的儿童来说，床是让他们感觉焦虑的东西，只要一躺到床上，脑海中就会浮现出很多不好的画面，这让他们感觉异常痛苦。

6. 做噩梦、失眠

当焦虑达到一定的程度时，噩梦和失眠就会主动缠上儿童，让儿童无法正常地休息，这会大大影响儿童的精神和生活状态，是儿童健康的极大威胁。

上述几种睡眠焦虑的表现虽然具有一定的典型性，但也不能仅仅依靠某种表现去妄断儿童被睡眠焦虑困扰。正如前文所说，有些儿童的某些表现，或有故意为之的可能，在进行判断的时候，需要将各方面的因素综合考虑进去，才能得到相对准确的答案。

 **心灵寄语**

身体的健康在很大程度上取决于精神的健康。

——约翰·格雷

只有向后看才能理解生活；但要生活好，就必须向前看。

——克尔恺郭尔

一个人总要有些拂逆的遭遇才好，不然是会不知不觉地消沉下去的。人只怕自己倒，别人骂不倒。

——郭沫若

培养良好的睡眠方式

很多儿童迟迟无法入睡，并不是因为他们不想睡，而是不良的睡眠方式在作祟。帮助儿童建立良好的睡眠方式，不仅对儿童有益，家长也会因儿童的良好睡眠而受益。

对于很多家长来说，改善孩子的睡眠方式是一个极其艰难的过程，但是从实际效果来看，尽早让孩子形成良好的睡眠方式，也将使家长获得更好的睡眠体验，可以一觉睡到天亮。越早开始改善和培养计划，家长就能越早见到效果。

相关的研究表明，出生6个月之内就出现睡眠问题的孩子，在5～10的时候，往往比一般孩子更容易出现睡眠问题。这个问题让人深感困扰，但是完全没有必要绝望，即便家长和孩子已经遭受了数年的失眠困扰，只要从现在开始努力地培养良好的睡眠方式，同样也可以期待获得良好的效果。

很多家长都有一种相同的体验——让孩子自己入睡实在太难了，尤其是孩子不愿和家长分离的时候。

入睡时有家长陪伴在旁的婴儿，如果在半夜醒来，他们就会自己安抚自己，让自己再次进入梦乡；而入睡时没有家长陪伴在旁的婴儿，如果在半夜醒来，通常需要家长进行安抚，他们才能再次入睡。这从一个侧面表明，当家长在婴儿身边陪伴时，会给婴儿更多的安全感，让他们能够坦然入睡。这种情况同样适用于稍大一些的孩子。

乍一看来，家长应该陪伴在孩子身旁，给他们足够的安全感，让他们睡得更好一些。可是，对婴儿进行的相关研究已经表明，家长更应该让婴儿自己入睡。因为入睡时有家长陪伴在旁的婴儿与入睡时没有家长陪伴在旁的婴儿相比，其睡眠过程中醒来的次数要更多一些。

也就是说，虽然入睡时有家长陪伴在旁的孩子安全感更强，但是由于他们总是醒来，睡眠大部分属于浅睡状态，所以睡眠质量无法得到保障，整体的睡眠效果并不是太好；而入睡时没有家长陪伴在旁的孩子虽然醒来后需要家长安抚，但是他们的睡眠时间较长，睡眠质量较高。相较而言，不去陪伴孩子显然对孩子的益处更多一些。

再者，儿童都有很强的学习能力，只要经过合理的培养，他们一定能够掌握独自入睡的能力。只要儿童懂得了呼吸、放松、自我交谈等促进睡眠的方法，家长就可以逐渐减少陪伴的次数和时间，最终实现让孩子一个人入睡的目标。

下面介绍一些有助于儿童入睡的方法：

1. 给儿童安全感

在儿童入睡之前，不要让他们接触带有恐怖内容的东西，如恐怖电影、恐怖小说、惊悚故事、杀戮游戏等。

2. 过渡时间要充足

在儿童入睡之前，应该停止一切会令他们感觉兴奋的活动，如看动画片、玩游戏等。只有待大脑恢复平静状态之后，他们才更容易入睡。

3. 注意饮食

入睡之前的一段时间里，一定要远离咖啡、巧克力、碳酸饮料之类含有咖啡因的食物，因为咖啡因会加重儿童的焦虑，让他们更加无法入睡。

4. 做好应对恐惧的准备

告诉儿童可以以深呼吸等方式来放松身心，保持均匀呼吸，做好应对恐惧的预案之后，儿童就不会感觉手足无措，这能从某种程度上减轻焦虑。

5. 尽量保持自然

家长不要刻意为儿童做什么事情，去帮助他们入睡，而要尽量保持自然，这样才不会让儿童感觉异样，也不会因此而挑动他们敏感的神经。

6. 睡觉的地点要保持一致

尽量给儿童一个固定的睡眠地点，这样儿童就不会因为陌生而产生焦虑；不要在儿童睡着之后更换他们的睡眠地点，以免他们醒来时产生迷茫的感觉。

除了上述几个方法外，还有许多有助于儿童尽早入睡的方法，比如：家长和儿童进行亲切的睡前道别，让儿童保持积极的心态，等等。家长还可以根据自己平时的经验，选择一些对孩子比较有效的促进睡眠的方法。只要长期坚持下去，一定能够帮助孩子养成良好的睡眠方式，到那时，无论是家长还是儿童，都会感觉无比的轻松和自在。

心灵寄语

焦虑是知识的阴影，也是产生创意的环境。

——利德尔·哈特

讲故事有助于儿童入睡

很多儿童喜欢在睡觉之前听故事，但是有时连一个都没听完就睡着了，并不是因为故事太过乏味使儿童昏昏欲睡，而是因为故事创设的情境让儿童感觉安全，所以他们才安心睡去。

相信许多家长都有过这样的经历：自己已经困得睁不开眼了，孩子却还在床上辗转反侧，迟迟无法入睡。无论让孩子做什么放松的活动，数星星、数绵羊、闭目养神等，通通没有效果。可是，只要拿起睡前故事书，有时一个故事还没读完，孩子就已经睡着了。

故事的神奇魔力让许多人不解，照理说，儿童对故事很有兴趣，应该会激发大脑活动，使儿童处于兴奋状态，可是最后的结果竟然是儿童睡着了。这究竟是为什么呢？

在儿童准备睡觉的时候，其身体机能已经做好了休息的准备，只是因为大脑中还有焦虑等刺激性因素，才使得身体保持着看似亢奋的状态。睡前故事往往会创造一种平和、美好的氛围，这会让儿童充满安全感，大脑也会随之得到放松，当他们的神经不再紧绷时，自然就进入了睡眠状态。

对于凯瑟琳来说，睡觉是一件十分困难而痛苦的事情。一旦躺到床上，她马上就会胡思乱想，这让她总是迟迟难以入睡。

一个偶然的机会，爸爸在她睡觉前给她读了几个故事，故事很好听，她听着听着就进入了故事创设的情境中，她仿佛来到了鸟语花香的仙境，一切都是那么静谧与平和。她感受着这种美好，不知不觉间便睡着了。

第二天早上醒来，凯瑟琳感觉轻松极了，因为她已经很久都没有好好睡一觉了。回想起昨晚的故事，她感觉意犹未尽。于是晚上睡觉之前，凯瑟琳又让爸爸给她讲故事，这一次，她又美美地睡了一觉。

从此之后，凯瑟琳爱上了听故事，只要准备上床睡觉，她就找出自己喜欢的故事书，让爸爸给她讲。从这些故事中，凯瑟琳学到了很多道理，也认识了很多字。

可以说，爸爸给凯瑟琳讲故事，不仅让她获得了良好的睡眠，也给她提供了一个学习的机会，在不断更新故事的过程中，凯瑟琳的知识水平也在持续提高。

爸爸所讲的故事，是凯瑟琳入睡的"催眠药"，凯瑟琳从故事中感受到了美好与平和，这种氛围让凯瑟琳觉得安全，所以她能够安心地入睡。

儿童在听故事的时候，会将注意力放在故事上，这就降低了对焦虑的关注，一旦他感受不到焦虑，就能很轻松地入睡。

当然，父母在选择故事的时候，有些事项需要注意。比如，所选的故事情节不宜激烈，因为激烈的场面会刺激儿童的大脑，让大脑更加无法放松；所选的故事不宜过长，因为短的故事孩子才能听完整，而完整的故事会给儿童传递"圆满结束"的信息，这会让儿童的大脑产生满足感，更加容易入睡等等。

总之，讲故事对促进儿童睡眠有一定的作用，对于那些有失眠焦虑状况的儿童，这个方法可以一试。

 **心灵寄语**

压抑的实质是一种拒绝机制，一种把某些东西拒绝在意识之外的功能。

——弗洛伊德

有困难是坏事也是好事，困难会逼着人想办法，困难环境能锻炼出人才来。

——徐特立

当你微笑时，你心中任何不愉快或不自然的感觉都静止了。

——卡耐基

改变之旅：被失眠困扰的丁丁

丁丁的家人都有失眠的症状，在他的家里，几乎每时每刻都有人是醒着的，即便是夜半时分，也不例外。

丁丁的妈妈说："丁丁从很小的时候就有睡眠障碍，或是睡觉很少，或是根本睡不着。"丁丁自己则说："一直困扰着我，让我无法入睡的原因是，我总是担心自己睡不着。"

和许多被失眠焦虑困扰的孩子一样，丁丁的生活中总是少不了一个个可怕的夜晚。在那样的夜晚，丁丁感到时间一分一秒地流逝，无论他多么努力地想要进入梦乡，最终的结果都让人失望。他被"担心自己睡不着"的念头困扰，耗费了很多的精力，结果"睡不着"变成了现实。

为了改变这种状态，丁丁做了很多努力。在睡不着的时候，他和自己说话，暗示自己可以睡着；他尽量放松，保持平稳的呼吸。在等待入睡的这段时间里，丁丁能够感受到自己所做的一切对他的焦虑程度产生了怎样的影响。他发现：越是关注焦虑和失眠，就越是无法入睡；而如果将注意力集中在呼吸和放松上，焦虑自然就会远离，他也就能睡个好觉。

对于这段经历，他这样说："晚上的时候，我会十分担心无法入睡，而且觉得只有我一个人这样，其他人都睡得很好。当我被失眠折磨得难以忍受时，我开始用自己的方法去克服它。即便在某个夜晚我觉得很害怕，我依然会告诉自己，就算一个晚上都睡不着，要这样一直睁着眼睛到天亮，我依然可以应付得很好。我也意识到，如果不把事情想象得那么糟糕，我的心情其实可以平静很多。而且只要能保持一段时间的平静，我就能进入梦乡。有时候，就算晚上没有睡好，第二天早上起来之后，当发现并没有发生我想象的那些恐怖事情时，我就知道其实自己的情况并不是太糟，这样，我在晚上的焦虑就会少很多。我已经看到了最坏的情况，而且并没有遭受巨大的损伤，这让我相信自己可以很好地控制一切，所以我没有必要再为这件事情担心了。我总会对自己说："我每天都在进步，我的精神状态很好！我可以战胜所有的困难，任何事情都无法将我击倒。'现在，我已经摆脱了睡眠焦虑的困扰，它再也不会干扰我的睡眠了。能够安然入睡的感觉真是太好了，我很享受现在的生活。"

丁丁终于不再被失眠困扰，他用自己的努力换来了良好的睡眠，也能够精神焕发地迎接生活中每一天的到来。

心灵寄语

心理治疗所探索的乃是特殊个人生活中最特殊的性质及事件——当它被毫无生气、非真实性而又笼统的概括性所圈限之后，其治疗效果自然会减少许多。同时，心理治疗还探索着个人性冲突的主要因素，这些因素乃是每一个人的经验中最具有持久性的性质——倘若这些基础因素被忽略的话，那么一切心理治疗都将削弱患者的意识，而使他们的生命更为呆板。

——罗洛·梅

第十一章　摆脱焦虑，有法可循

对于儿童的焦虑，我们的认识并不够；对于某些焦虑的源头，我们甚至无法解释，也无法给出确切的答案。看着焦虑的情绪时时侵扰儿童，看着几乎无力招架的儿童充满痛苦，家长的内心往往要忍受更大的摧残。然而，焦虑虽然神秘而可怕，但并非不治之症，通过适当的治疗和调整，摆脱焦虑并非无法达成的目标。

让孩子学会接受，踢开焦虑这块绊脚石

世界上的很多事情，都是人类无法掌控的，面对超出自己能力范围的事情，最好的处理办法就是坦然接受，因为焦虑并不会对事情的解决有任何帮助。

在生活中，每个人都会遇到一些超出自己能力范围的事情。如果明明知道自己的能力不足，还非要强迫自己去做，那么不仅得不到理想的结果，还会使自己陷入无尽的焦虑之中。

因此，父母要告诉孩子，无论做任何事情，首先都要给自己一个准确的定位，搞清楚哪些事情自己能够做到，哪些事情自己做不到。能做到的事情不仅要做到，还要尽量做得完美；做不到的事情要尽力而为，就算真的没有完成，也不要过于自责或纠结，而要用坦然的态度去接受最终的结果。

欢欢是一个活泼可爱的孩子，他爱玩爱动，似乎有用不完的精力。

一年一度的学校运动会即将开始，热爱运动的欢欢积极地报名参加，而且一报就是两项：100米跑和铅球。

欢欢平时就喜欢跑步，而且速度很快，100米比赛绝对是他的强项。可是铅球他就不太擅长了，这项运动需要一定的臂力，而臂力恰恰是欢欢的薄弱环节。这一点欢欢并不是不知道，可是为了和人赌气，他还是决定要挑战一下自我。

事情的起因其实很简单。欢欢的班上有一个名叫军军的同学，他的臂力很大，也很受同学们的欢迎，这让争强好胜的欢欢有些不服气，他总觉得自己比军军厉害多了，因此时时处处都想和军军一较高下。这一次，学校运动会给了欢欢一个好机会，欢欢想在军军擅长的项目上战胜他，以此证明自己比军军强。为了达到这个目的，欢欢开始锻炼臂力，但是他的基础毕竟有限，想在短时间内得到迅速提高并不现实。每次锻炼之后，欢欢发现自己的进步不大，他都会有些着急和担心，唯恐在运动会上输给军军。这种担心逐渐增多，欢欢开始受到它的影响，不仅锻炼方面没有什么进步，其他方面也出现了一些问题。

运动会开始的那天，欢欢的焦虑达到了顶峰，结果，他不仅没能在铅球项目中战胜军军，还在100米比赛中发挥失常，成绩比平时慢了很多。他无法接受这样的现实，情绪变得更加焦虑，再也不像以前那样活泼了。

欢欢的焦虑情绪源于他无法接受军军比自己更受欢迎的现实，于是处处要和军军一较高下，甚至在自己并不擅长的方面，他也希望战胜军军。他的这种"不接受"的态度，是他陷入焦虑的罪魁祸首。如果欢欢能够认识到，人人都有长处，也有自己的短处，并且能够坦然接受某些方面不如军军的事实，那么他的心态就会很平和，也就不会丢掉那个活泼的自己。

当孩子遇到与欢欢类似的情况时，家长应该帮助孩子树立正确的观念，让他们知道"尺有所短，寸有所长"的道理。只要能在自己擅长的领域里表现优异，那便是一种成功；至于自己不擅长的方面，尽力而为不留遗憾就好。能够接受好的东西，也要能够接受不完美的东西，这样才能将焦虑踢开，获得快乐。

 **心灵寄语**

德行的实现是由行为，不是由文字。

——夸美纽斯

焦虑是文化共同接受和附加在实际危险处境上的一种信仰功能。

——哈洛韦尔

提升自己的要诀是切勿停留在原地不动，而欲达到此目的，首先要有不满现状的心理。但是仅仅不满足是不够的，你必须决定下一步往何处去，千万不要做个只会成天抱怨的懒人。

——麦尔顿

提升孩子的专注力，不给焦虑生存的空间

每个人的大脑容量都是有限的，儿童自然也不例外，当他们专注于某件有益的事情时，自然就没有多余的精力用于焦虑，也就从根本上切断了焦虑的源头。

心理学家加里·埃默里博士说："在工作世界中有一个简单的法则，即专注就是力量。"其实，专注不仅在工作世界中能够展现它的力量，在其他的很多领域都能发挥巨大的作用。比如，在消除焦虑方面，它所发挥的作用常常超出人们的想象。

儿童之所以产生焦虑，是因为他们头脑中乱七八糟的想法在作祟，如果他们能提升专注力，全神贯注于某件事情，也就没有多余的精力去胡思乱想了，这样一来，焦虑自然就会消失不见。

贝贝对于封闭的空间有一种天然的焦虑感，只要在剧场、礼堂之类的地方待上一段时间，他就会产生一种将要窒息的感觉。如果在这个空间里有很多人，那么他的焦虑更会成倍地增加。

一天，学校的心理老师要在礼堂进行一场与焦虑有关的讲座，贝贝觉得这对自己很有帮助，于是早早地来到了礼堂，选择了一个让他感觉最舒服的座位坐了下来。此时，礼堂里并没有几个人，因此贝贝没有很明显的焦虑。

然而，随着时间的推移，礼堂里的人越来越多，贝贝周围也慢慢坐满了人，这让他感觉自己好像被包围了起来，想出都出不去，他越来越焦虑，越来越觉得难以呼吸。他很想立刻逃离礼堂，因为实在无法忍受这种痛苦。

幸运的是，老师在这个时候走了进来，并开始自己的讲座。于是，贝贝立刻将注意力集中到了老师身上，希望能从老师那里得到一些对自己有益的知识。让贝贝感到奇怪的是，他竟然不再焦虑了，之前那种将死的痛苦感觉也消失不见了。

在老师所讲的内容中，"专注力能够降低焦虑感"的部分引起了贝贝的重视，切身体会告诉他，专注力确实有很大的作用。

讲座结束之后，贝贝去和老师交流经验。他对老师说："只要一专心听您讲话，我就会忘掉焦虑。这真是太神奇了，就像变魔术一样。"

老师却说："专注力并不是魔术，也没有什么魔力，只是因为你专注于讲座，将焦虑的空间挤占了，焦虑便无处藏身了。"

贝贝刚到礼堂的时候，因为没有几个人，所以他的注意力更多地集中在礼堂及礼堂的陈设上，这让他几乎感受不到焦虑；随着听众的增多，贝贝便将注意力放在了身边人身上，这些人仿佛构成了一座牢笼，让贝贝产生了焦虑；在老师开始讲座之后，贝贝又将注意力转移到了老师和讲座内容上，这让他忘记了焦虑的存在。也就是说，贝贝的焦虑与他的关注对象有着十分密切的关系。当注意力集中在可能对他构成威胁的人群身上时，他会变得焦虑；而将注意力集中在对他有益的讲座上时，他的焦虑自然就消失了。

由此不难看出，当儿童出现焦虑的状况时，让他们对某些有益的对象提升专注度，能够有效地消除焦虑，帮助儿童摆脱焦虑的纠缠。

 **心灵寄语**

道德的基础是人类精神的自律。

——马克思

心的陶冶、心的修养和锻炼是替美的发现和体验做准备。

——宗白华

学习认识焦虑是一项冒险，每个人都必须毅然面对，如果他不想因为对焦虑无知或者受制于它而走向毁灭的话。因为学会正确对待焦虑的人，已经学会了最重要的事。

——克尔恺郭尔

教孩子学会做最坏的打算

焦虑症患者总觉得事情会向坏的方向发展，这是他们的一个显著特点。既然如此，不妨"以毒攻毒"，说不定可以达到否极泰来的良好效果。

曾经有一支乐队演唱过一首名叫《最坏将会怎样》的歌曲，他们或许想象不到，这首歌的名字如今已经成为心理学界十分著名的一种治疗手段。

实际上，无论是难以描述的忧虑，还是对某种对象的特殊恐惧，抑或是时时可能发生的广泛性焦虑，所有的焦虑症都绕不过同一个问题，那就是"最坏将会怎样？"如果可以找到这个问题的答案，那么无论发生什么情况，无论最终会有什么后果，所有的一切也都会在预料之中，并不会产生更多、更大的焦虑。

从上学开始，奥尼尔就对考试有种莫名的恐惧。不要说真的走进考场，即便听到"考试"这两个字，他也会立刻变得焦虑不安。

很多次，奥尼尔还没有走进考场，就已经认定自己无法考出好成绩，当他坐在考场里的时候，他的脑海中浮现的并不是考试的内容，而是各种各样莫名其妙的恐惧：他害怕写错字，害怕看错选项，害怕答错题，害怕成绩不好……凡是和考试有关的东西，他没有不害怕的。

可想而知，他每一次的考试成绩都很不好，名次也总是排在班级后几名，因为他将大部分的时间和精力都耗费在了焦虑上。

班主任看在眼里，急在心上，奥尼尔平时上课的状态不错，作业完成得也很好，可是一到考试就因焦虑而大大影响发挥。为了帮助奥尼尔，班主任向心理老师求助，他将奥尼尔的情况反映给心理老师，让心理老师对奥尼尔进行一些心理辅导。

心理老师详细了解了奥尼尔的情况之后，便约奥尼尔进行了一次谈话。

"奥尼尔，我发现你平时的功课都不错，可是一到考试就无法正常发挥，你能告诉我考试的时候你在想什么吗？"心理老师问。

"对不起，老师，我也不知道。我只是觉得大脑一片空白，除了担心和恐惧，我什么都感受不到。"奥尼尔低着头回答。

"那你在害怕什么呢？"心理老师又问。

"害怕写错字，害怕看错选项，害怕答错题，害怕成绩不好……"奥尼尔依然低着头。

"你害怕成绩不好，那么结果呢？"心理老师继续追问。

"我的成绩实在太糟糕了，简直差劲到了极点，我甚至都无法原谅自己。"奥尼尔的头埋得更低了。

"既然已经差到了极点，你还有什么好怕的呢？"心理老师反问道。

这时，奥尼尔抬起了头，恍然大悟般地笑着说道："是啊，我还有什么好怕的呢？"他连着说了几遍，脸上终于绽放出笑容。

在这之后，每次考试的时候，奥尼尔总用"还有什么好怕的呢"这句话向自己提问。当他发现自己面临的处境已经不可能更糟时，他的焦虑自然就减少了，考试成绩也在稳步提升。

在心理老师的帮助下，奥尼尔意识到自己的考试成绩已经到了最低谷，无论他再怎么担心，他的成绩都不会比现在更差，可以说，他所有的担心都不过是无谓之举罢了。认识到这一点之后，奥尼尔改变了对考试的态度，既然他已经没有什么好怕的，那么何必再去害怕呢？抛开了害怕，奥尼尔变得心境平和，这也让他的成绩得到了稳步提升。

对于身处焦虑的孩子而言，担心事情变糟是他们常有的心态，不妨让他们去试想最糟的结果，一旦他们认识到最糟的结果不过如此，不会对他们造成多大的威胁，他们就不会再那么担心，焦虑也会随之减少甚至消失。

心灵寄语

人格成熟的重要标志：宽容、忍让、和善。

——卡耐基

不是事情本身使你不快乐，而是你对事情的看法使你不快乐。

——伊壁鸠鲁

冷漠与缺乏感觉，同时也是防卫焦虑的一种工具。当个人不断地面临他所无力克服的危机时，他的最终防线乃是避免去感觉这种危机。

——罗洛·梅

让孩子做愤怒的主人，而非奴隶

愤怒的情绪总会在某个时刻降临到儿童的身上，而且一旦爆发，总是威力巨大。倘若儿童不去控制自己的愤怒，那么不仅会伤害别人，还会让自己尝到苦果。

愤怒的情绪不可避免，成人尚且会在某些时刻突然爆发，更不要说尚不懂得控制自己的儿童了。但是，这并不是随意流露愤怒的借口，因为表现愤怒只会带来更多的负面情绪，让儿童完全被情绪控制，成为情绪的傀儡。

邓肯上小学的时候，常常听到父母为了一些鸡毛蒜皮的小事而发生激烈的争吵。每到这时，他总是静静地躺在自己的床上，心中充满了疑惑和恐惧，这让他迟迟难以入睡。通常情况下，他的父母吵到什么时候，他就要听到什么时候。他的脑海中总是不断闪现相同的问题："爸爸妈妈会离婚吗?""他们吵架是因为我吗?""我是不是应该离开这个家?"

这些问题伴随着邓肯成长，不仅没有减弱，反而越来越强烈。在邓肯升入初中之后，他开始尝试着调和父母之间的关系，可是他的努力不仅没有丝毫效果，反而让父母觉得他在偏袒对方，使得家庭氛围变得越发糟糕起来。

邓肯的情绪越变越差，他变得容易愤怒、焦虑，对所有的事情都充满敌对的情绪。这种状态不仅影响了他的学习，也让他的行为举止变得粗暴和怪异起来。和朋友打篮球的时候，他总是蛮横地攻击篮筐，而不顾队友的感受，一旦有人对他犯规，他便会怒目相向，极力表达自己的不满。因此，他的朋友都不敢再和他一起打篮球，一个个从他身边离开。

老师发现了邓肯的巨大变化，知道他正受焦虑情绪的影响，于是教给他一些调整情绪的方法，包括深呼吸、冥想等，帮助邓肯掌控自己的情绪。

一段时间以后，邓肯清楚地意识到，他的愤怒和暴躁都是焦虑的外在表现形式。他开始努力地克服自己的焦虑，这不仅让他的情绪有了很大的转变，也让自己劝说父母的行为变得有效起来。

邓肯的焦虑源自父母的紧张关系，他本想调解他们之间的关系，结果却适得其反，这让他的焦虑情绪进一步加剧，最终影响了他自己的生活。

　　在现实生活中，我们会在网络中、报纸上看到很多青少年打架斗殴甚至致人死亡的新闻，究其原因，竟然是一些在常人看来鸡毛蒜皮的小事。有些人觉得这难以理解，可是在怒火中烧的情况下，他们很难做出正确的判断，犯下一些错误是十分正常的。在盛怒之下，他们不仅伤害了别人，也给自己带来了无尽的麻烦。

　　已经有很多事实向我们证明，愤怒不仅无助于解决事端，更会给别人及自己带来无尽的伤害。对于儿童来说，想要控制愤怒确实不容易，但是无论多难，都应该努力去做愤怒的主人，而非愤怒的奴隶。

 心灵寄语

我相信焦虑也是犹如知识活动的阴影一般相随，我们越了解焦虑的本质，就越了解智识。

——利德尔

焦虑是神经官能症的动力中心，因此我们随时都要处理它。

——霍尔奈

真正的问题在于如何引介正确的理论概念，以及如何将它们应用到观察的素材中，以便使我们能看清楚焦虑的理则。

——弗洛伊德

让孩子采取正确的交往方式

在与人交往的过程中，儿童会遇到各种各样的问题，一旦处理不当，他们就可能出现焦虑心理。以正确的态度和方式去对待交往，才是消除焦虑的良好方法。

无论一个人身处什么位置，是否拥有财富，他都需要自己的朋友。开心的时候，有朋友分享自己的快乐；伤心的时候，有朋友分担自己的忧愁；有困难的时候，有朋友伸出援手相助。这是多么幸福的事情啊！尤其对于儿童来说，他们的活动范围还小，能够接触的人还不多，在自己的生活圈子里，朋友就显得更加重要了。

在实际生活中，常常会看到有的儿童身边总是挤满了小伙伴，有的儿童则是孤零零地一个人玩耍。那些朋友很多的儿童，往往心态健康、积极阳光；而那些形单影只的儿童，则会心绪不宁、消极焦躁。

蒙蒙已经十岁了，上小学四年级。

他的头脑很聪明，但是不喜欢学习；平时喜欢玩耍，但是又不愿意和同学们一起玩；喜欢说大话，总向同学吹嘘一些不存在的事情；有些反复无常，有时会对同学大喊大叫；遇到问题的时候，常常推卸责任；不讲卫生，身上总有一些异味。因为蒙蒙的这些缺点，同学们都不喜欢和他一起玩，这让蒙蒙觉得十分落寞。

看着同学们关系融洽地在一起踢球、做游戏，蒙蒙感觉自己成了异类，这让他觉得很难受，于是想出了一个办法去"赢取"人气：只要有人愿意和他一起玩，他每次都付给同学金额不等的"酬金"。短短的一个月时间，蒙蒙欠下的债务已经有六百多元！

班主任发现之后，及时制止了同学们的这种行为，并请心理老师对蒙蒙进行辅导。

心理老师问及蒙蒙这样做的原因，蒙蒙无奈地说："同学们都不和我玩，这让我很受伤，看着他们一个个玩得那么高兴，我的心里可急了。我不知道怎么才能让他们跟我玩，只好想出了这么一个主意。"

蒙蒙因为缺少朋友而焦虑，他想改变现状，但是并没有从自己身上寻找原因，而是想出了付"酬金"的法子。他以为这样就可以赢得人缘，增加人气，可是这种建立在金钱之上的友谊，注定是虚幻的、不牢靠的。当他无法兑现自己的"酬金"承诺时，身边的那些"朋友"一定会一个个离他而去。

在儿童的世界里，所有的一切都是那么单纯，当一个儿童因为没有朋友而焦虑时，他最先想到的是要交到朋友，而不是寻找没有朋友的原因。甚至对于一些儿童来说，即便是通过金钱买来的"友谊"，只要有朋友在身边，同样可以显示其交往能力。现实中，这种自欺欺人的做法并不少见，它和教育的缺失或是内心的认知有误存在很大的关系。

当儿童出现社交焦虑时，首先要让他们寻找并纠正自身的问题，通过内在的改变去带动外在的改变。倘若仅仅消极地用金钱等外在的手段去处理交往中出现的焦虑问题，那最终的结果通常很难令人满意。

 **心灵寄语**

家庭是父亲的王国，母亲的世界，儿童的乐园。

——爱默生

个性是最重要的，一个人的个性应该像岩石那样坚强，因为一切都是建筑在个性上面的。

——屠格涅夫

这世界除了心理上的失败，实际上并不存在什么失败，只要不是一败涂地，你一定会取得胜利的。

——亨·奥斯汀

改变孩子的思维模式，换种思维看焦虑

大脑的固定思维模式，使得儿童在遭遇焦虑时总是做出相同的反应，如果能改变这种模式，则会给大脑创造重新判断焦虑的机会，这样一来，焦虑释放的假信号就会被识破，它所带来的影响也会随之减少。

儿童之所以会产生焦虑的情绪，很大程度上是因为大脑发出了错误的指令，让儿童认为自己正处于危险之中，必须采取某些措施进行自保。当儿童被焦虑性的思维掌控，并始终以这种固有模式进行思考时，他们的焦虑就会"按部就班"地出现。

所以说，当儿童面临焦虑的时候，应该让他们试着改变固有的模式，以全新的思维去看待焦虑，那时，他们或许会产生新的认识，原有的焦虑也就不复存在了。

元元的第一次演讲经历并不成功，他没能将演讲的内容说完，台下就已经响起了阵阵嘘声。这让元元备受打击，从那之后，他的内心深处便对演讲充满了恐惧。

每当有人在他面前说起演讲的事情，他的脑海中便会浮现出那次糟糕的演讲，这时，他的焦虑就会发作，有时对人发脾气，有时迅速地离开那个"是非之地"。他不愿回想起痛苦的经历，每次回忆起来，他都告诉自己："我以后都没有办法再站在台上演讲了，我可不想再出一次丑！"这样的想法不断在他头脑中出现，而且每次出现都会让他感觉焦躁不安。

其实元元知道，他并不是不想站上演讲台，他只是不想再被嘲笑一次而已。他如果无法克服内心的焦虑，便无法再次站上演讲台。

一个偶然的机会，元元结识了一个和他年龄相仿的朋友亮亮。亮亮是一个颇有名气的小演说家，他站在台上的状态令元元十分羡慕。经过一段时间的思想斗争之后，元元决定向亮亮请教一些关于演讲的问题。

"亮亮，你第一次演讲就很成功吗？"元元问亮亮。

"当然不是了。第一次我差点被听众的批评声吓哭了。"亮亮笑着回答。

"是吗？那你怎么还敢上台呢？我就上过一次演讲台，被听众的嘘声吓得现在还有心理阴影呢！"元元有些诧异。

"刚开始的时候我也很焦虑，很怕再上台。但是我告诉自己：虽然脑子里满是失败的画面和想象，但是还没有经过尝试，谁都不知道最终的结果会是怎样。就算'焦虑'告诉我不要去尝试，我也要尽力尝试一

次，万一成功了，焦虑就会被打败，它以后都别想控制我了。"亮亮充
满自信地说。

"这样想管用吗？真的能战胜焦虑吗？"元元有些将信将疑。

"管用不管用你得自己试了才知道，至少我是不再焦虑了。"亮亮
的态度十分坚定。

于是，元元按照亮亮的做法去面对焦虑，最终也像亮亮一样克服了
对演讲的焦虑。

元元和亮亮之所以能战胜自己的焦虑，原因在于他们改变了固有
的思维模式。当焦虑来临的时候，他们并不是被动地接受焦虑带来的后
果，而是积极主动地向焦虑发起挑战，最终打破了焦虑为头脑设定的条

条框框，赢得了与焦虑"战斗"的胜利。

当儿童处于焦虑状态时，他们的大脑会发出"危险"的信号，尽管这个信号并不真实，但是大脑不会对它做出判断，只会根据固有的模式做出相应的反应。如果儿童能在这时改变固有模式，那么大脑就会对"危险"重新做出判断，当它发现这只是一个假警报时，焦虑的程度便会自动减弱。

心灵寄语

通常来说，看不见的东西比看得见的东西更容易扰乱人心。

——尤利乌斯

在我们所承受的痛苦中，恫吓我们精神的远多于伤害身体的，来自假想的远多于来自现实的。

——塞内加

我们必须以同样的态度思及勇气，以摒弃恐惧，换言之，我们必须盘算和观想日常生活中的危难，以及怎样以勇气来挫锐解纷。

——斯宾诺莎

让孩子学会和自己谈一谈

儿童遭受焦虑情绪侵袭的时候，往往会不知所措，如果能在这时进行一场自我对话，就可以让儿童看清内心的真实情况，这对消除焦虑是非常有帮助的。

在现实生活中，我们常常会见到一些自言自语的人，而且可以毫不客气地说，很多人见到这类人总会发出一阵笑声，即便不是嘲笑，至少也是不屑一顾的笑。更有甚者，有些人甚至认为他们脑子有毛病，自己跟自己说话，那有什么意思呢？但是事实上，那些自言自语的人或许比那些发笑的人更加正常和健康。

在心理学上，尤其是认知取向的心理学流派通常认为，在受到焦虑情绪的侵扰时，我们应该多和自己谈一谈，而且最好是出声地进行交谈。这种做法可以让我们直面自己的内心，更有利于找到焦虑的根源，并从根本上解决焦虑的问题。

对于儿童来说，焦虑是一个极大的、难以解决又难以摆脱的难题，很多时候，即便他们知道自己已经陷入了焦虑的麻烦之中，也不知道应该以何种手段和方式去摆脱。如果采取的手段不当，很可能儿童会在焦虑之中越陷越深，最终无法自拔，对他们的学习和生活都产生消极的影响。如果儿童能够听一听自己的心声，和自己交谈一番，这对他们排解焦虑是很有帮助的。

鲁本很喜欢自言自语，尤其是在他感觉焦虑的时候，尽管这让他看起来像个怪人，可他并不在意别人的眼光，他知道什么才是对自己最好的做法。那么，他是怎么跟自己对话的呢？

"你好，鲁本。你肯定认识我，因为我是内在的你，你则是外在的我。我知道你正在为即将到来的期中考试做准备，其实你已经复习了很多知识点，也做了很多练习题，可是你依然对自己不太放心，对吗？

你完全不用担心，我相信你一定可以的。因为我一直在观察你，我知道你有多优秀。

假如你实在放心不下，你可以拿着练习题去和同学或者老师讨论一下，让他们给你一些建议。如果他们的建议有用，你就多加练习一下，做到有备无患。

当你已经竭尽全力为考试做好准备的时候，你就更没有必要担心了。因为你已经做了所能做的一切，剩下的就只能静待结果了，我们毕竟无法提前知道考试题目，为了这些未知的事情浪费时间和精力，我们最终什么都得不到。

如果考试成绩好，我们应该感到高兴，因为我们的努力得到了回报；如果考试成绩不理想，我们也不应该感到沮丧，因为我将会知道该向什么方向努力。你说是不是？

最后我想说的是，我为你感到骄傲和自豪，因为你为这次考试付出了很多的心血，而且从未放弃。我相信，没有什么东西能将你击败！加油吧！"

这就是鲁本和自己进行的对话，他不仅给自己提出了改进的建议，还给予自己极大的鼓励，这种自我鼓励能够消除焦虑，提升自信，让他以更好的姿态去迎接考试。

也许很多人认为自我对话并没有什么实际意义，可是事实证明它确实很有效。这种对话实际上就是积极的自我暗示，当儿童充满信心地大声说出自己的想法时，他们的内心会受到激发和鼓励，这会让他们变得更加坚定和沉稳，通常可以帮助他们更好地实现自己的目标。

 **心灵寄语**

真正妨碍人们的不是事情本身，而是对事情的看法。

——爱比克泰德

害怕自己将遭受痛苦的人，其实已经在受着这令人害怕的苦了。

——蒙田

焦虑是一种常见情绪，所有生命个体对它都不陌生，就连一只低等的海洋鼻涕虫也不例外。

——雷克托

直面恐惧，做勇敢的自己

对于很多孩子来说，恐惧是一个恐怖的魔鬼，似乎根本无法战胜，于是他们只会一味逃避。但是，逃避无法解决问题，只有勇敢面对恐惧，才能找到真正的自己。

对于心有焦虑的儿童来说，即便只是遇到一点小小的挫折，他们也会产生千斤压顶一般的恐惧。实际上，挫折本身并不可怕，可怕的是他们无法勇敢地直面恐惧，最终输给了焦虑的心理。

对于儿童来说，恐惧给他们造成的影响是全方位的。一旦儿童的心中充满恐惧，美丽的花朵便可能变成恐怖的恶魔，平日的好友也可能变成令人畏惧的陌生人……一切的一切，在儿童眼中都变得那么不同，以至于让儿童对自己产生深深的怀疑。这会让儿童变得畏首畏尾，不敢迈出前进的脚步，更不要说享受精彩的生活了。

库伯是美国的一位颇受欢迎的法官，可是他现在的光鲜亮丽和小时候的形象形成了鲜明的对比。

库伯出生在一个贫苦的家庭中，他的父亲是一名裁缝，收入十分微薄。每当冬季来临时，库伯都要提着煤桶到铁路沿线去捡拾火车上掉下来的煤块，用于家里取暖。库伯常常为自己的行为感到窘迫，因为有些同学看到他捡煤，不仅会嘲笑他，还会欺负他。为了避免被那些同学看到，库伯总是偷偷摸摸地出去捡煤。可是，他总会被那些欺负他的同学发现，他们会把他好不容易捡到的煤倒掉，让他拎着空空的煤桶回家。每到这种时候，库伯总会以泪洗面，他的心中充满了自卑和恐惧。

一个偶然的机会，库伯读了赫拉修·阿尔杰写的《罗伯特的烦恼》这本书，故事的主人公与库伯年龄相仿，而且遭受了比库伯更大的挫折和磨难，但是他没有灰心丧气，而是以极大的勇气去直面不幸，最终跨过了一个又一个的坎坷和沟壑。库伯大受鼓舞，希望自己也有战胜一切的勇气和力量。此后，库伯读了所有能够找到的赫拉修·阿尔杰的作品，在阅读的过程中，他潜移默化地受到了每一个主人公的影响，不知不觉地增强了信心和力量。

几个月后的一天，库伯又一次到铁路沿线捡煤。不经意间，他发现有三个人影向自己凑了过来。他的脑海中闪过的第一个念头就是逃跑，可是这个念头很快被书中的那些形象遮盖，他觉得自己应该像那些英雄一样接受挑战，于是他拿着煤桶走上前去。

那三个男孩见库伯走过来，便一起冲上去，准备像以前一样欺负库伯。但是，出乎他们意料的是，这次库伯竟然进行了反抗。只见库伯挥舞双手，一只手打在了其中一个男孩的脸上，另一只手则打在了这个男孩的肚子上。这个男孩发现自己吃亏，于是主动退出"战斗"，转身逃走了。库伯根本没想到会发生这样的情况，但是他很清楚自己的反抗已经产生了效果。此时，另外两个男孩还在对库伯拳打脚踢，库伯使出全身力气，将其中一个男孩一下推开，接着一脚把另一个男孩踹倒在地。被推开的孩子发现自己的同伴一个逃了，一个倒在地上，开始觉得害怕，于是灰溜溜地逃走了。倒在地上的孩子发现只剩下自己一个人，也赶紧爬起来跑了。库伯捡起一块煤，向那孩子扔去，他跑得更快了。

将三个孩子都打跑之后，库伯才感觉到疼痛，他发现鼻子在流血，身上也都是瘀伤，可是他很高兴，因为他终于战胜了心中的恐惧。对于他来说，这一天是值得铭记一生的日子。

库伯的身体并没有比以前更强壮，他只是赶走了心中的恐惧而已。当他不再惧怕那些欺负他的男孩，表现出不再任人摆布的姿态时，那些男孩便不敢像以前一样欺负他了。

如果孩子一直深陷恐惧的旋涡，他们就无法看清自己，也就无从发挥自己的能力，创造属于自己的生活。通过各种方式让孩子变得勇敢起来，敢于直面自己的恐惧并最终战胜恐惧，他们才能看到自己的长处，发现生活的美好。

 **心灵寄语**

怯懦是免于诱惑的可靠保障。

——马克·吐温

装饰对于德行也同样是格格不入的，因为德行是灵魂的力量和生气。

——卢梭

儿童恐怖的重要基础既然是痛苦，锻炼儿童使他们不恐怖、不怕危险的方法就是使他们受惯痛苦。

——洛克

附录一

您的孩子有考试焦虑症吗？

　　如果您想了解孩子对考试的紧张程度，可以让孩子用下面的考试焦虑量表来进行检测。考试焦虑量表是美国心理学家斯匹尔格创制的，在世界范围内的使用率都颇高。此表具有通俗易懂、适用广泛的特点。不过，由于该测试语句较为复杂，所以对于初中以上水平的人更加适合。

考试焦虑量表

　　请认真阅读每一道题目，并根据实际情况来回答。答案本身没有正确和错误的差别，只要选择最符合个人感受的答案即可。每道题目均有四个选项，分别是：从未有、有时有、经常有、常常有。

1. 我在考试中充满信心并感觉轻松。

2. 我在考试中感到焦虑不安。

3. 在考试中一想到成绩，我的答卷就会受影响。

4. 我一参加重大考试就感到浑身发僵。

5. 我在考试中想着自己能否毕业。

6. 我越努力答卷，就越觉得头脑混乱。

7. 在考试中担心成绩不好影响我集中精力答卷。

8. 我一参加重大考试就坐立不安。

9. 尽管做了充分的准备，我仍感到考试很紧张。

10. 我在取回试卷之前感到很紧张。

11. 我在考试中感到非常紧张。

12. 我希望考试不要这么烦人。

13. 我一参加重大考试就紧张得肚子疼。

14. 我一参加重大考试就感到自己要失败。

15. 我在参加重大考试时感到很恐慌。

16. 我在参加重大考试前感到很忧虑。

17. 在考试中我担心考得不好会有什么后果。

18. 我在参加重大考试时感到心跳加速。

19. 考试之后，我竭力控制自己不去担心，但做不到。

20. 我在考试中紧张得连本来知道的东西都忘了。

计分方法

从未有：1分；有时有：2分；经常有：3分；常常有：4分。将各题得分相加，得出总分。

205

测试结果

假如得分低于35分，说明测试者的考试焦虑程度偏低；

假如得分高于50分，说明测试者的考试焦虑程度偏高。

附录二

心理测评 —— 儿童恐惧情绪测试

一个人成长的过程中，要不断和恐惧情绪做斗争。对外界事物的了解，总要经过从未知到已知的过程，而各种未知的因素，往往是造成儿童恐惧的原因所在。想要了解儿童是不是具有恐惧情绪，做一做下面的测试，很快就能得到答案。

题目

请认真阅读每一道题目，并根据实际情况做出回答。答案本身没有正确和错误的差别，只要选择最符合个人感受的答案即可。

1. 你会对父母充满恐惧吗？

　　A. 我对父母两个人或其中一人感觉恐惧

　　B. 我偶尔会感觉恐惧

　　C. 我不记得有对父母感觉恐惧的情况

2. 你经常会有无能为力的感觉吗?

　　A. 有的时候, 遇到很大的困难时, 我会觉得无能为力

　　B. 只要遇到困难, 我就会觉得无能为力

　　C. 在处理问题的时候, 我通常极少感觉无能为力

3. 你会担心将来找不到工作吗?

　　A. 我常常会为工作的事情担心

　　B. 我偶尔会有所担心

　　C. 我从来没有担心过

4. 你会很在意你给别人留下的印象吗?

　　A. 偶尔这样

　　B. 经常会这样

　　C. 我不在意别人对我有何看法

5. 你对具有威慑力的人物有什么看法?

　　A. 总是觉得害怕和苦恼

　　B. 没有任何害怕的感觉

　　C. 避免和这类人打交道

6. 你对无害的动物 (猫、狗等) 有什么看法?

　　A. 它们会让我感觉不安

B. 它们会让我感觉恐惧

C. 它们从不会让我感觉恐惧

7. 你会担心失去亲人吗？

A. 是的，我常常会有这样的担心

B. 我相信自己的亲人都很长寿

C. 有的时候我会担心

8. 你对自己的身体有什么看法？

A. 我总担心自己会患上严重的疾病

B. 当我生病的时候，我会担心自己的健康状况

C. 我从来不会为自己的健康状况担心

9. 在做出决定的时候，你的心态是怎样的？

A. 我从不担心会出现错误

B. 做任何决定，都让我感觉痛苦不堪

C. 有的时候我会感觉一丝不安

10. 你是一个有责任感的人吗？

A. 无论做什么事情，我都不想承担责任

B. 假如是我应该承担的责任，我会承担起来

C. 我会主动地承担责任

计分方法

题号	选项		
	A	B	C
1	1	2	3
2	2	1	3
3	1	2	3
4	2	1	3
5	1	3	2
6	2	1	3
7	1	3	2
8	1	2	3
9	3	1	2
10	1	2	3

测试结果

得分为10~14分，说明测试者有严重的恐惧症。你可能做过一些让自己不是很满意或是不合常理的事情，这让你产生了一定程度的自卑感和挫败感，因此在做事情的时候总是很担心失败再次降临，对未知的事情或是某种对象充满了恐惧。实际上，很多恐惧都是不存在的，只是你自己的想象而已，只有打破头脑中的思维束缚，才能真正克服恐惧。

得分为15~24分，说明测试者偶尔会有恐惧感。虽然你没有被严重的恐惧症困扰，但是有些时候依然会受到恐惧感的侵袭，这说明你的心中已经有了恐惧症的种子，甚至在某些方面已经表现出了恐惧。这种情况下，你最好寻求一些帮助，家长、老师、心理医生都是可以求助的对象。只有正确看待自己的这种恐惧，并保持乐观、积极的心态，才能做到防患于未然，避免成为恐惧症的受害者。

得分为25～30分，说明测试者对一切无所畏惧。你的心理非常健康，无论遇到什么情况，无论面对什么难题，你都能以乐观、勇敢的姿态去面对。这让你充满自信，总给人一种阳光、快乐的印象。良好的心态和美好的印象，对你的学习及生活会有很大的帮助，相信你能取得令人羡慕的成绩。

教孩子独立面对焦虑

在这个瞬息万变的社会中，很多家长承受着各种巨大的压力，他们本身也可能遭受着焦虑之苦。如果仅仅根据成人的经验去教育孩子，结果一定不会令人满意。

儿童在思想、认知、经验等方面，都与成人有很大的差距，即便是一些对克服成人焦虑行之有效的方法，儿童也不一定能够认可或接受。从这个角度上说，家长担负的责任无疑更大一些。他们不仅要正确认识儿童的焦虑，还要通过适当的方法让自己的孩子接受并勇敢地面对焦虑。

在一些家长看来，直面焦虑是异常痛苦的事情，一旦发现自己的孩子难以承受其苦，便立刻改变处理方式，希望为孩子撑起一把保护伞。家长的心情可以理解，但是这并不会给孩子带来帮助。假如儿童始终采取躲避的方式来应对焦虑，那么结局只有一个，那就是在焦虑中越陷越深，最终难以自拔。

家长对孩子的爱是无私的，他们愿意替孩子承担一切的痛苦。然而，在处理焦虑问题时，家长必须要让孩子学会独立面对，而非替孩子分担。直面焦虑固然痛苦，但是经历这一段磨砺之后，孩子会如凤凰涅槃一般，获得重生。